레이의 우주 대모험

지구와 태양계 편

〈레이의 우주 대모험〉 EBS 제작팀
작가   김도희
3D 애니메이션   (주)드림한스
연출   문현식

레이의 우주 대모험

지구와 태양계 편

초판 인쇄일   2009년 5월 25일
초판 발행일   2009년 5월 28일

글   김도희
그림   조례진
발행인   전재국

본부장   이광자
임프린트 대표   김경섭
임프린트 주간   이대건
마케팅 실장   정유한
마케팅 팀장   호종민
제작   김영훈
기획편집   조경인(나비마실)
디자인   나비

발행처   (주)시공사(지식채널)
출판등록   1989년 5월 10일(제3-248호)

주소 서울시 서초구 서초동 1628-1(우편번호 137-879)
전화 편집 (02) 2046-2866 영업 (02) 2046-2800
팩스 편집 (02) 585-1755 영업 (02) 588-0835

ISBN 978-89-527-5542-1(74440)
ISBN 978-89-527-5541-4(세트)

이 책은 EBS 과학 애니메이션 〈레이의 우주 대모험〉을 어린이 교양정보서로 엮은 것입니다.
이 책의 내용을 무단 복제하는 것은 저작권법에 의해 금지되어 있습니다.
파본이나 잘못된 책은 구입하신 곳에서 교환해드립니다.
ⓒ 2009 지식채널, 김도희

• 이 책에 사용된 사진의 출처는 NASA임을 밝힙니다.

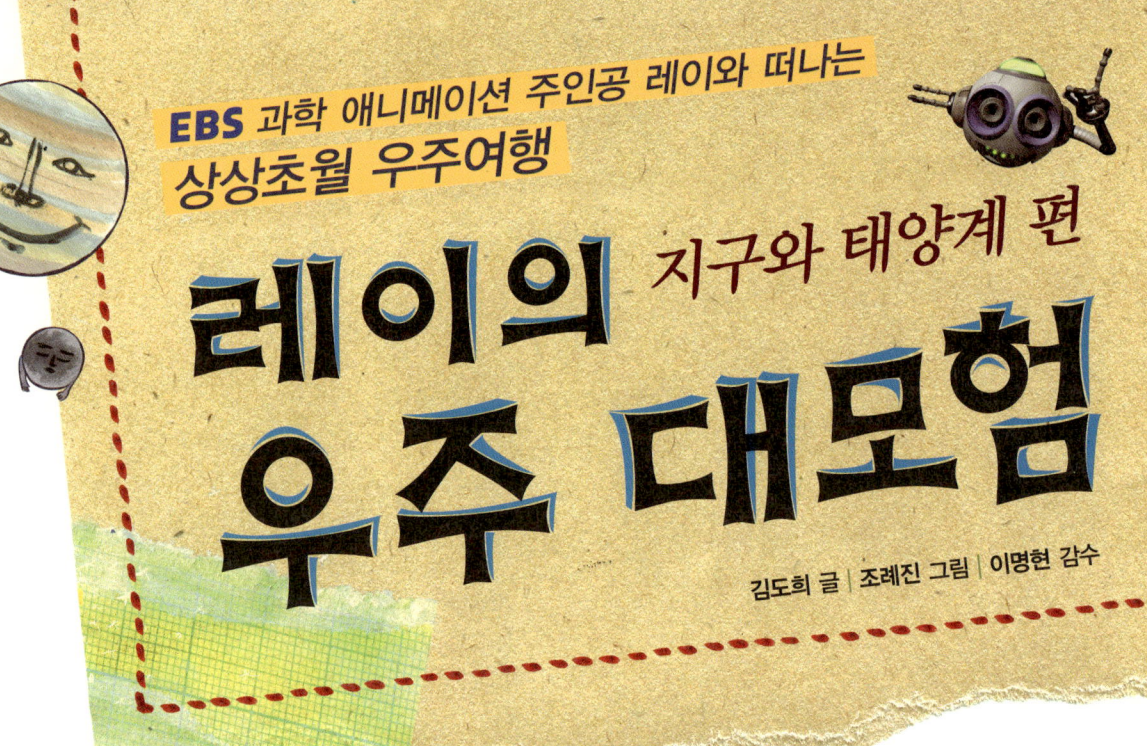

EBS 과학 애니메이션 주인공 레이와 떠나는
상상초월 우주여행

지구와 태양계 편

레이의 우주 대모험

김도희 글 | 조례진 그림 | 이명현 감수

차례

- 추천의 글 6
- 들어가는 글 10

1 레이의 탄생 12

2 지구의 탄생 26

3 달엔 토끼가 살까? ❶ 46

4 달엔 토끼가 살까? ❷ 60

5 지구의 엄마, 태양 ❶ 78

6 지구의 엄마, 태양 ❷ 96

7 수성과 금성 114

8 제2의 지구, 화성 134

9 태양이 되고 싶은 목성 150

10 반지의 제왕, 토성 168

11 태양계의 끝은 어디일까? 186

● 제작 후기 204

● 부록|천문대로 떠나요 206

● 추천의 글 ●

레이와 함께 떠나는 멋진 우주 여행

허블우주망원경이 보내온 찬란한 행성상
성운의 자태를 본 적이 있나요? 전파망원경이 관측한
처녀자리 은하단에 속한 수많은 은하들의 중성수소 분포
지도를 본 적은요? 또 별이 빛나는 밤에 작은 망원경을 통해
아름다운 토성의 고리를 본 적이 있다면, 우리를 둘러싼 우주의 경
이로움에 분명 가슴이 두근거렸을 거예요.

이 모든 것을 가능하게 했던 출발점에 400년 전의 갈릴레이와 그가 직접 만든
작은 망원경이 있었습니다. 갈릴레이는 어느 누구도 탐험한 적이 없는 세상을
망원경과 함께 누비고 다녔습니다. 갈릴레이가 발견한 것은 놀라운 우주 속 세
계였지요. 그가 본 달은 크레이터 천지였고 태양에도 흑점이 있었습니다. 금성
은 날짜가 바뀌면 마치 달처럼 그 모양이 변하고 있었고, 목성에서는 네 개의 위
성이 발견되었어요. 토성에는 아름다운 고리가 있었고 은하수는 별들의 천지였
지요.

2009년은 세계 천문의 해입니다! 갈릴레이 천체망원경의 400주년을 기념하

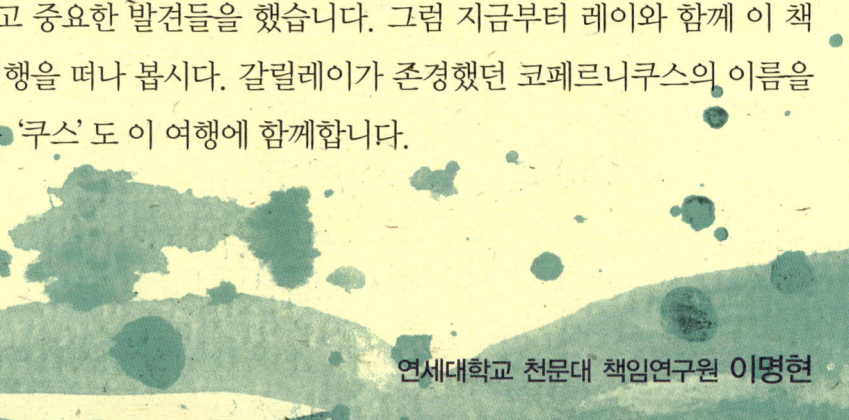

기 위해 국제천문연맹과 유네스코는 2009년을 세계 천문의 해로 지정했고, 유엔은 세계 천문의 해를 선포했습니다. 전 세계 135개국이 참여하는 가운데, 우리나라에서도 문화, 교육, 학술, 미디어 전반에 걸쳐 다양한 행사를 기획하고 있어요. 이에 발맞추어 EBS에서 방영되었던 〈레이의 우주 대모험〉이 책으로 나왔습니다. 또 이 책을 통해서 갈릴레이가 레이로 환생했습니다. '레이'의 이름이 갈릴레이에서 따온 것은 여러분도 이미 눈치를 채고 있었지요?

400년 전 갈릴레이가 새로운 세상을 보는 눈을 열어 놓은 이후 천문학자들은 수많은 흥미롭고 중요한 발견들을 했습니다. 그럼 지금부터 레이와 함께 이 책 속으로 우주 여행을 떠나 봅시다. 갈릴레이가 존경했던 코페르니쿠스의 이름을 딴 똑똑한 로봇 '쿠스'도 이 여행에 함께합니다.

연세대학교 천문대 책임연구원 **이명현**

● 추천의 글 ●

하늘과 별과 우주가 궁금한
어린이 여러분에게

하늘에서 가장 밝게 빛나는 천체는 무엇일까요? 하늘의 북점에 있다는 북극성일까요? 별들의 등급을 잘 아는 사람이라면 시리우스라고 답할지도 모르겠네요. 밤하늘을 유심히 관찰한 적이 있는 사람은 목성이라고 대답할 수도 있고요. 하지만 하늘에서 가장 밝은 천체는 다름 아닌 태양이랍니다.

태양은 우리와 가장 가까운 별이지요. 우리들은 태양을 중심으로 여러 행성과 소행성, 혜성 등으로 구성된 태양계의 세 번째 행성인 지구에 살고 있어요. 태양에서 지구까지의 거리는 1천문단위, 그러니까 약 1억 5,000만 킬로미터랍니다. 이 거리는 서울에서 부산까지 거리의 50만 배에 달할 정도로 엄청나게 먼 거리예요. 태양계의 끝에는 오르트 구름이 있고, 태양에서 오르트 구름까지의 거리는 약 45천문단위 정도로 추정됩니다. 지구에서 태양까지의 거리만 해도 엄청난데, 태양계 전체의 반지름은 그 거리의 45배나 된다니 정말 어마어마하죠?

밤하늘에는 태양과 같은 별들뿐만 아니라, 수만, 수억 개의 별들이 무리를 이룬 성단이나 은하도 있답니다. 사실 우주에는 셀 수도 없이 많은 천체들이 있어요. 도대체 우주는 얼마나 넓기에 이렇게 많은 천체들이 존재하는 것일까요? 이러한 호기심에서 출발하여 인류는 아주 오랜 옛날부터 천문을 연구해 왔어요. 최근에는 천문에 대한 많은 것들이 밝혀졌지만 아직도 우주는 우리가 모르는 신비로 가득 차 있죠.

천문학을 공부하는 학생들인 우리 별아름 회원들은 즐겨 보던 애니메이션인 〈레이의 우주 대모험〉이 책으로 나온다는 소식을 듣고 매우 반가웠어요. 이 애니메이션은 천문학에 대한 전문적인 지식도 이해하기 쉽게 설명해 줬기 때문에, 과학 대중화를 위해 우주에 대한 정보를 나누어 왔던 별아름도 〈레이의 우주 대모험〉의 도움을 많이 받았거든요. 그런데 거기에 한층 알찬 정보를 더하여 책으로 재탄생한 〈레이의 우주 대모험〉은 우리의 마음을 설레게 하기에 충분했어요. 우주에 관심을 가진 많은 어린이들이 꼭 읽어야 할 필독서로 손색이 없었거든요.

지구는 어떻게 탄생했을까요? 저 광활한 우주에는 어떤 천체들이 있을까요? 우리 태양계 너머에는 또 어떤 것들이 존재할까요? 이 책은 이런 여러 질문에 대해 쉽고 재미있게 설명해 줄 거예요. 그리고 어린이 여러분의 가슴속에 우주에 대한 더 크고 아름다운 꿈을 심어 줄 것입니다.

과학 대중화를 이끄는 연세대학교 천문연구 동아리 **별아름**

● 들어가는 글 ●

우리 안에 숨겨진 우주의 비밀을 찾아서

처음 EBS로부터 우주천문학에 관한 애니메이션을 만들자는 제안을 받았을 때, '난 머리가 나쁜데 어떡하지?' 하는 두려움이 앞섰어요. 솔직히 저는 수학이니 과학이니 하는 분야에는 영 소질이 없었거든요. 숫자만 보면 주눅이 들고 기호만 보면 머릿속이 하얗게 되는 그런 학생이었답니다. 하지만 이 프로그램을 제작하면서 훌륭한 과학자들의 도움을 받고 여러 책들과 자료들을 접하면서 저는 우주가 얼마나 경이로운 곳인지 느끼게 됐어요. 어떤 때는 제 머리가 펑 폭발하는 것 같았다니까요!

우리의 몸을 이루고 있고 우리가 보고 만지는 모든 물질들은 지금으로부터 수십억 년 전 별들이 폭발하면서 만들어졌어요. 우리의 몸속에 바로 우주의 비밀이 숨겨져 있는 거죠. 우린 엄청나게 긴 시간과 엄청나게 광대한 공간과 엄청나게 센 힘과 엄청나게 빠른 빛과 엄청나게 뜨거운 열이 무지무지 복잡한 작용을 한 끝에 태어났답니다. 다시 말해, 인간은 우주적인 존재인 셈이지요. 우주천문학은 제 빈약했던 상식의 틀을 부숴 버리고 우주에 대한 상상력을 폭발시켰어요. '만일 인간이 우주 공간에 살게 된다면 인체의 구조가 완전히 달라져야 할

텐데 어떻게 진화하는 게 좋
을까?' 부터 시작해서 이런저런
생각이 끝도 없이 피어올랐지요.

프로그램을 끝내고 또 프로그램을 토대
로 해서 책도 다 쓴 지금, 저는 친구들에게 꼭 말해 주고 싶
은 게 있어요. 우주천문학은 단지 정보나 지식을 얻기 위해 공부하는 게 아니에
요. 우주천문학에 대해 공부하는 그 순간 우리는 우리 안에 숨겨진 거대한 우주
의 비밀에 눈을 뜨기 시작하는 것이죠. 우주에 대해 알게 되는 만큼 우리도 우주
처럼 거대한 인간이 되어 간답니다. 우주의 경이로움에 심장이 압박을 받는 그
느낌을 우리 친구들도 꼭 느껴 보기 바라요.

앗! 떠날 시간이에요. 지금부터 레이와 쿠스가 여러분을 우주로 안내해 줄 거
예요. 그럼, 우리 모두 출발!

작가 **김도희**

1 레이의 탄생

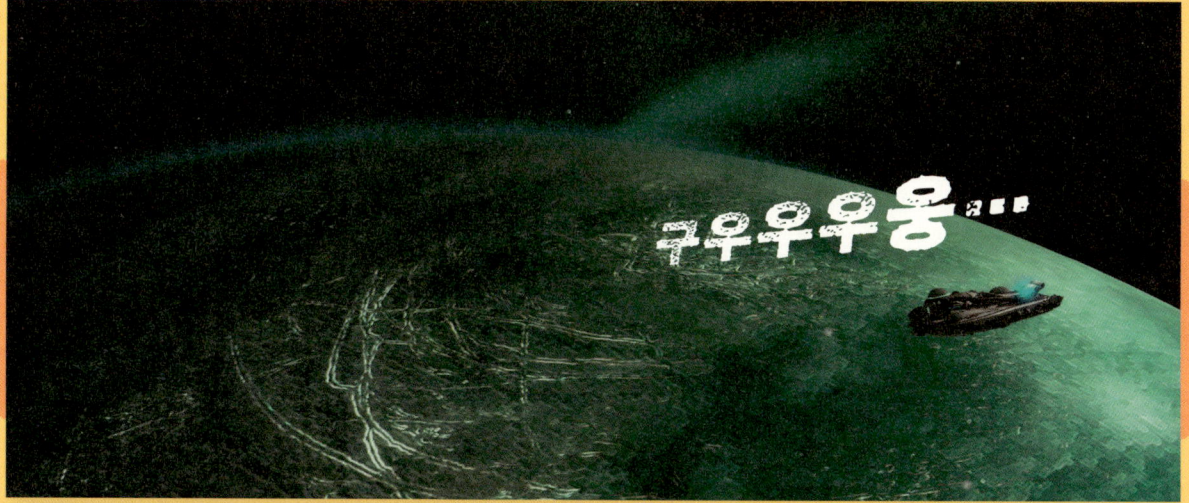

구우우우웅ᄀᄀᄀ

삑삑!

드디어 탄생의 순간이 왔다!

피융!

팟!

지이이잉…

비상 사태! 비상 사태!
블랙홀 접근 중!

아니, 뭐라고?

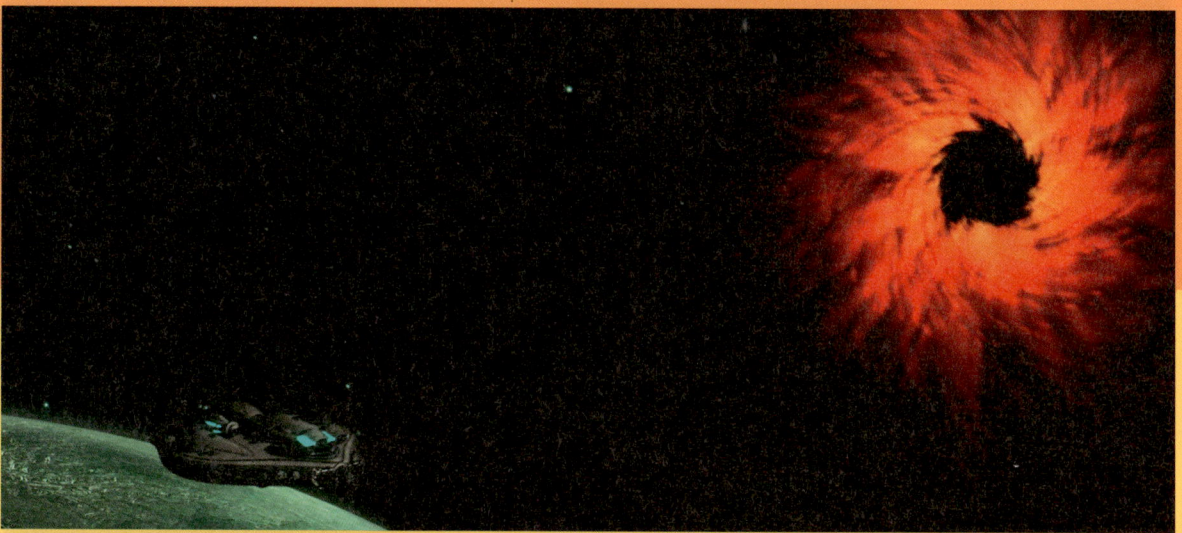

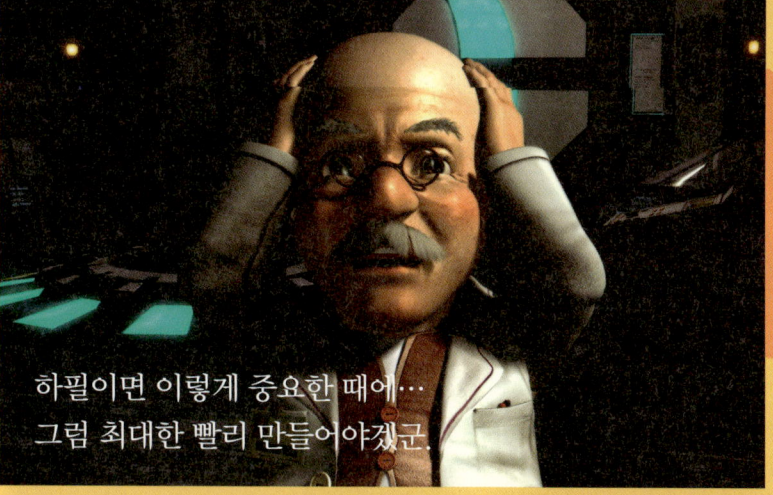

하필이면 이렇게 중요한 때에…
그럼 최대한 빨리 만들어야겠군.

삐삐삐!

쿠오오오…

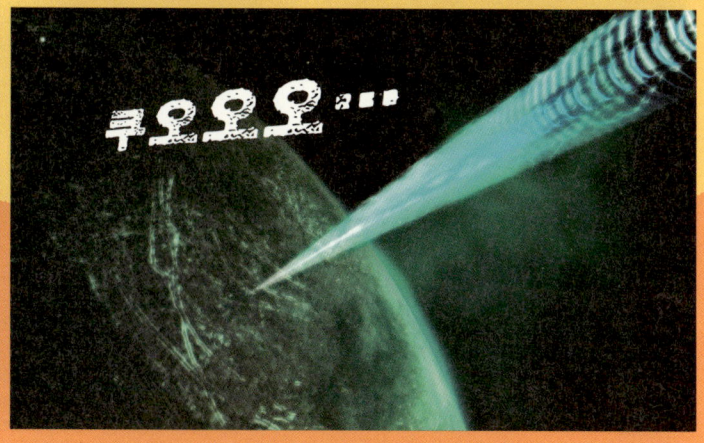

됐어! 완성이다! 하하하!

철컥!
스르르르

어서 오너라!

앗, 뜨거워! 아차차!

너희들을 식히는 걸
깜박했구나.

으앗!

치이이익!

얘들아, 내가 너희를 만든 필라톤 박사다.

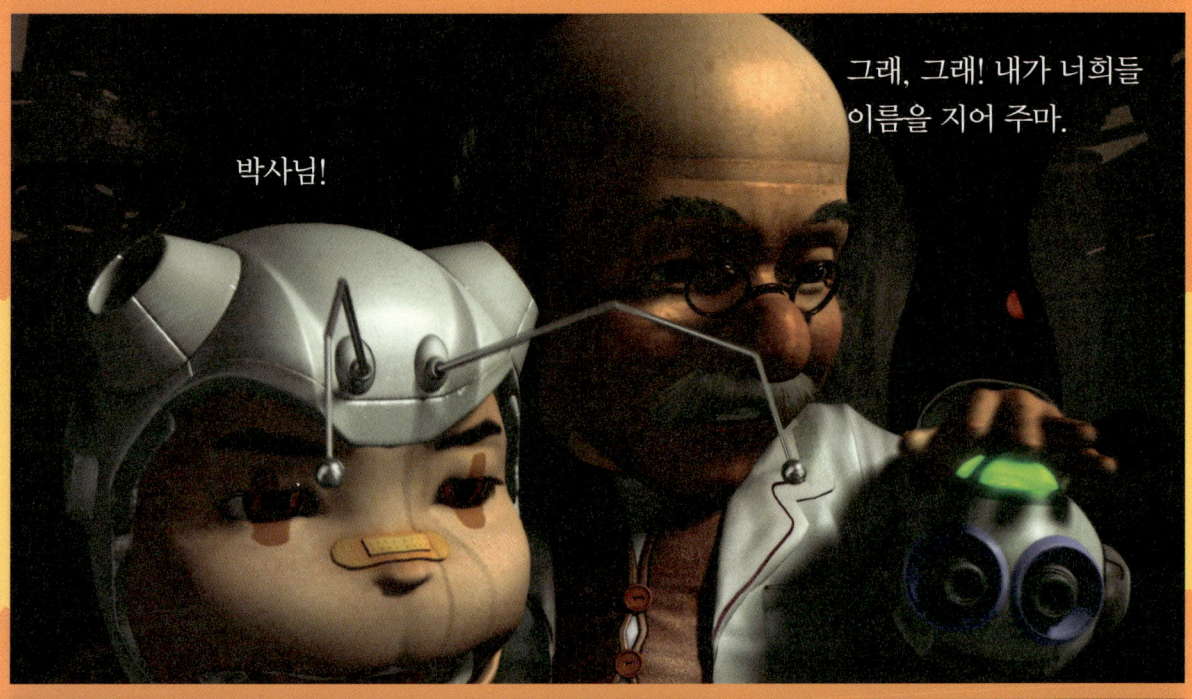

박사님!

그래, 그래! 내가 너희들 이름을 지어 주마.

넌 용감한 과학자 갈릴레이 이름을 따서 **레이**,

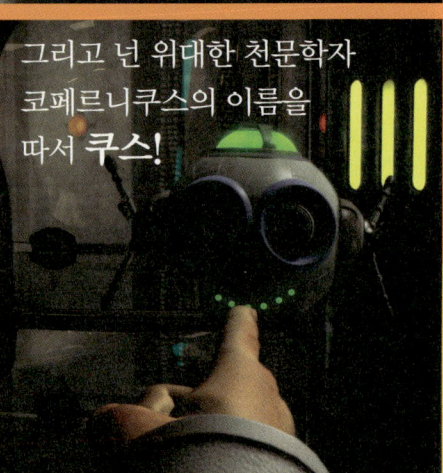

그리고 넌 위대한 천문학자 코페르니쿠스의 이름을 따서 **쿠스**!

난 쿠스!

난 레이!

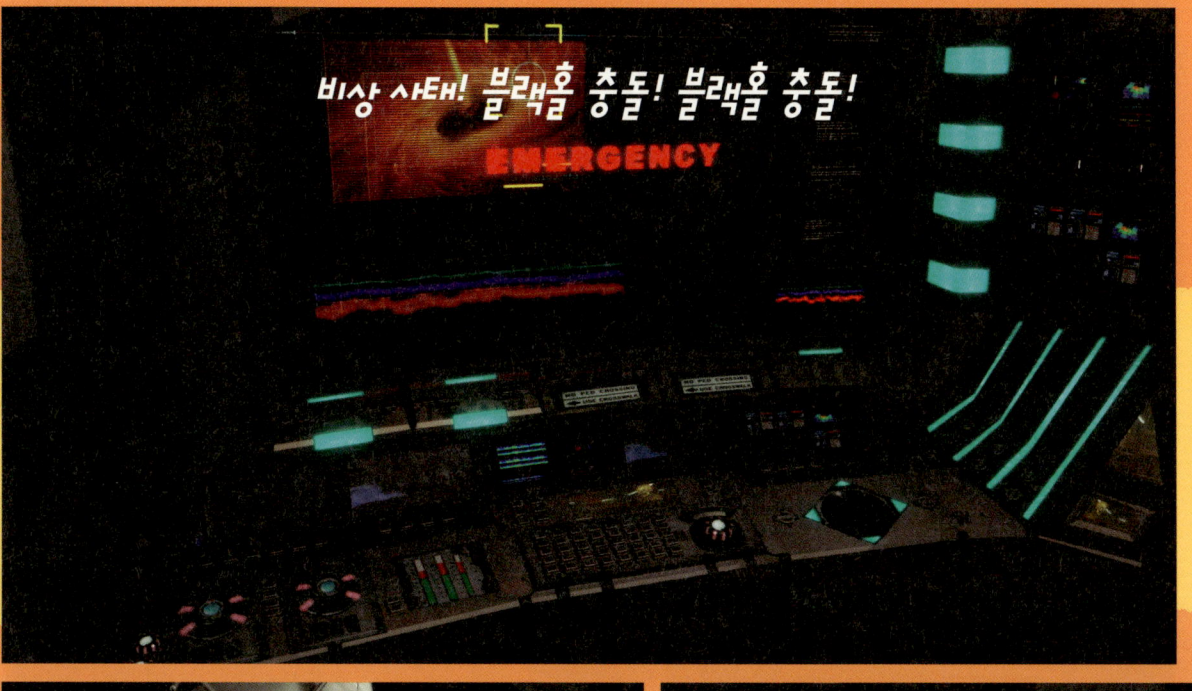

쿠궁, 크르르르

에너지가 부족합니다. 레이, 쿠스를 만들면서 에너지를 다 써버렸습니다.

뭐라고? 이거 큰일이군!

아, 그렇지! 우주선엔 연료가 충분하다. 너희들 먼저 탈출하거라.

같이 가요, 박사님!

그건 안 된다. 내 말대로 하렴.

난 이 우주선을
블랙홀에서 구해 내야 해.

삑!

철컥!

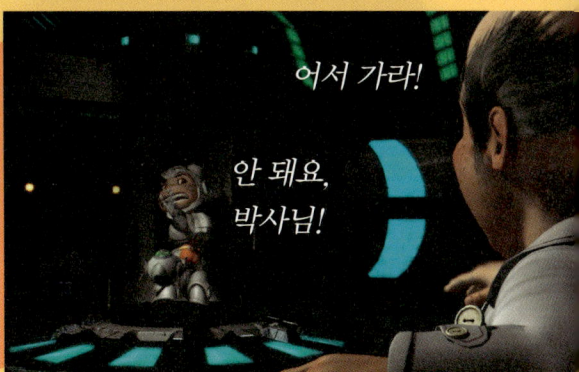

어서 가라!

안 돼요,
박사님!

박사님!

탕탕!

레이, 너는 이 우주에 있는
어떤 열이나 압력에도
견딜 수 있을 만큼 강하게
설계돼 있다.

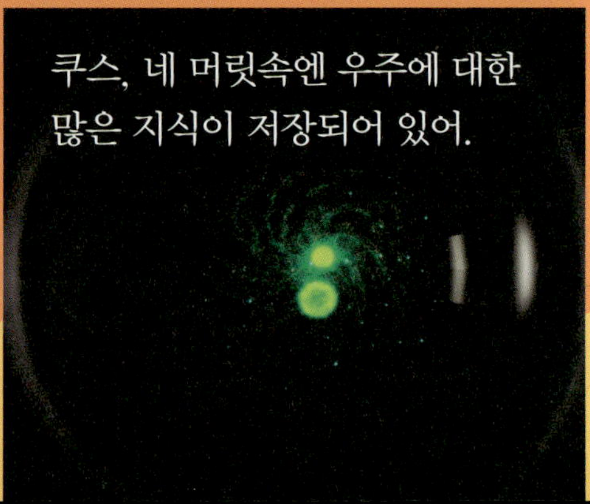

쿠스, 네 머릿속엔 우주에 대한
많은 지식이 저장되어 있어.

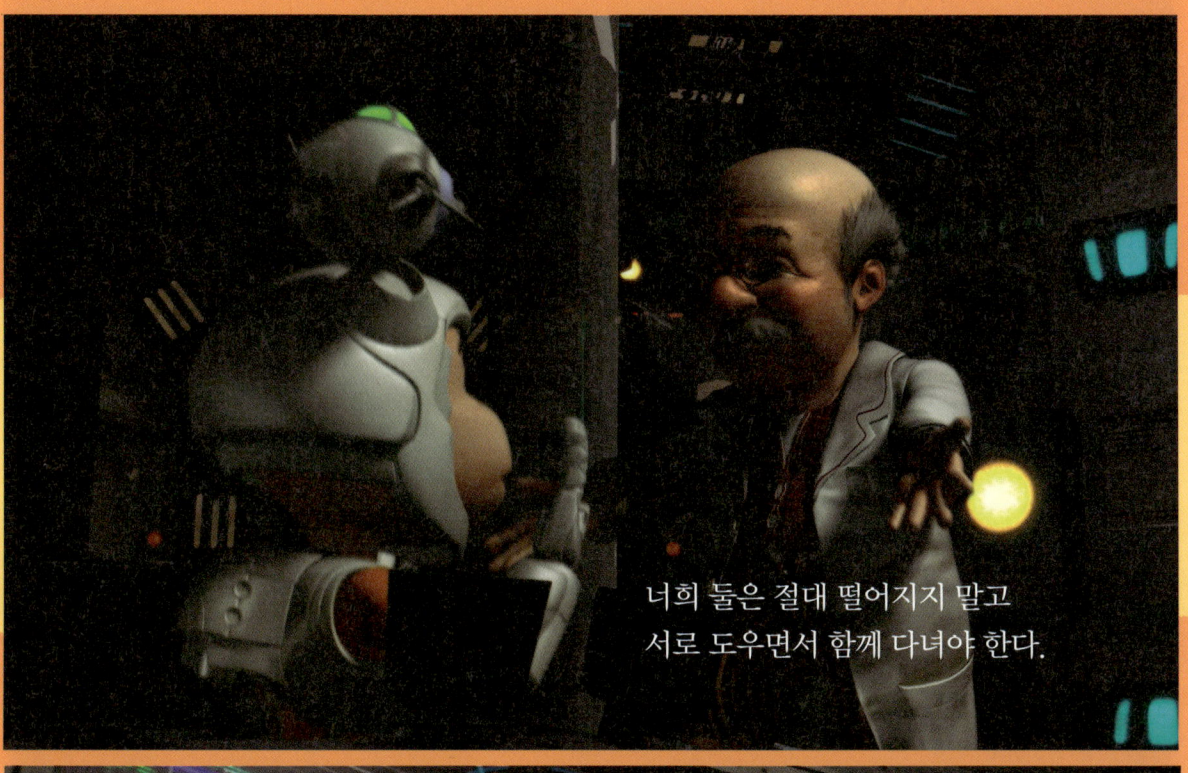

너희 둘은 절대 떨어지지 말고
서로 도우면서 함께 다녀야 한다.

레이, 쿠스! 일단 태양계의 지구로 가거라.
거기가 내 고향이다. 나중에 다시 만나자!

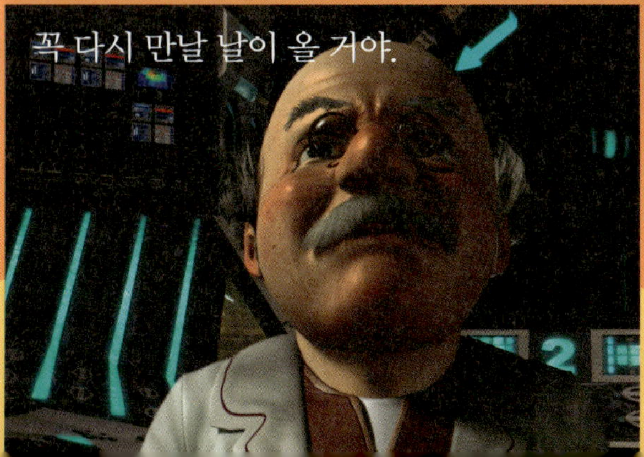

꼭 다시 만날 날이 올 거야.

슈우우우웅…

잘 가거라!
우린 꼭 다시 만날 수 있을 거야.

쿠구구구… 팟!

쿠우우우웅…

팟!

아, 우리만 빠져나오고 말았어.
박사님이 무사하셔야 할 텐데……

박사님, 흑흑…

24

2 지구의 탄생

아! 푸르른 바다, 상쾌한 공기! 우주에 이렇게 아름다운 곳이 있었네.

야호!

그런데 레이!
넌 지구가 어떻게 생겨났는지 알고 있니?

글쎄?

좋아, 우주로 출발!

그럼, 우리 지구 탄생의
비밀에 대해 알아보자!

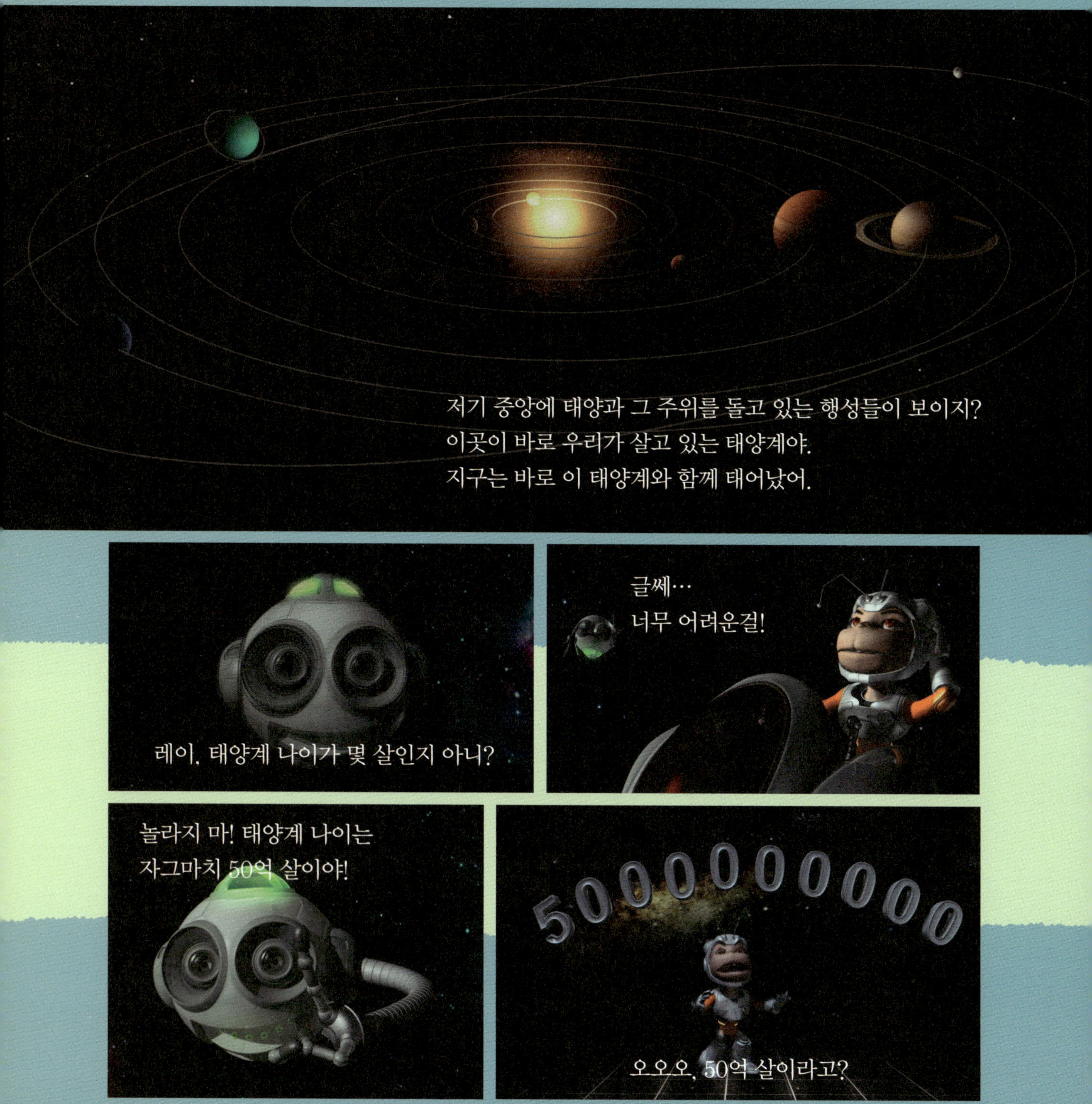

저기 중앙에 태양과 그 주위를 돌고 있는 행성들이 보이지?
이곳이 바로 우리가 살고 있는 태양계야.
지구는 바로 이 태양계와 함께 태어났어.

레이, 태양계 나이가 몇 살인지 아니?

글쎄…
너무 어려운걸!

놀라지 마! 태양계 나이는
자그마치 50억 살이야!

5000000000

오오오, 50억 살이라고?

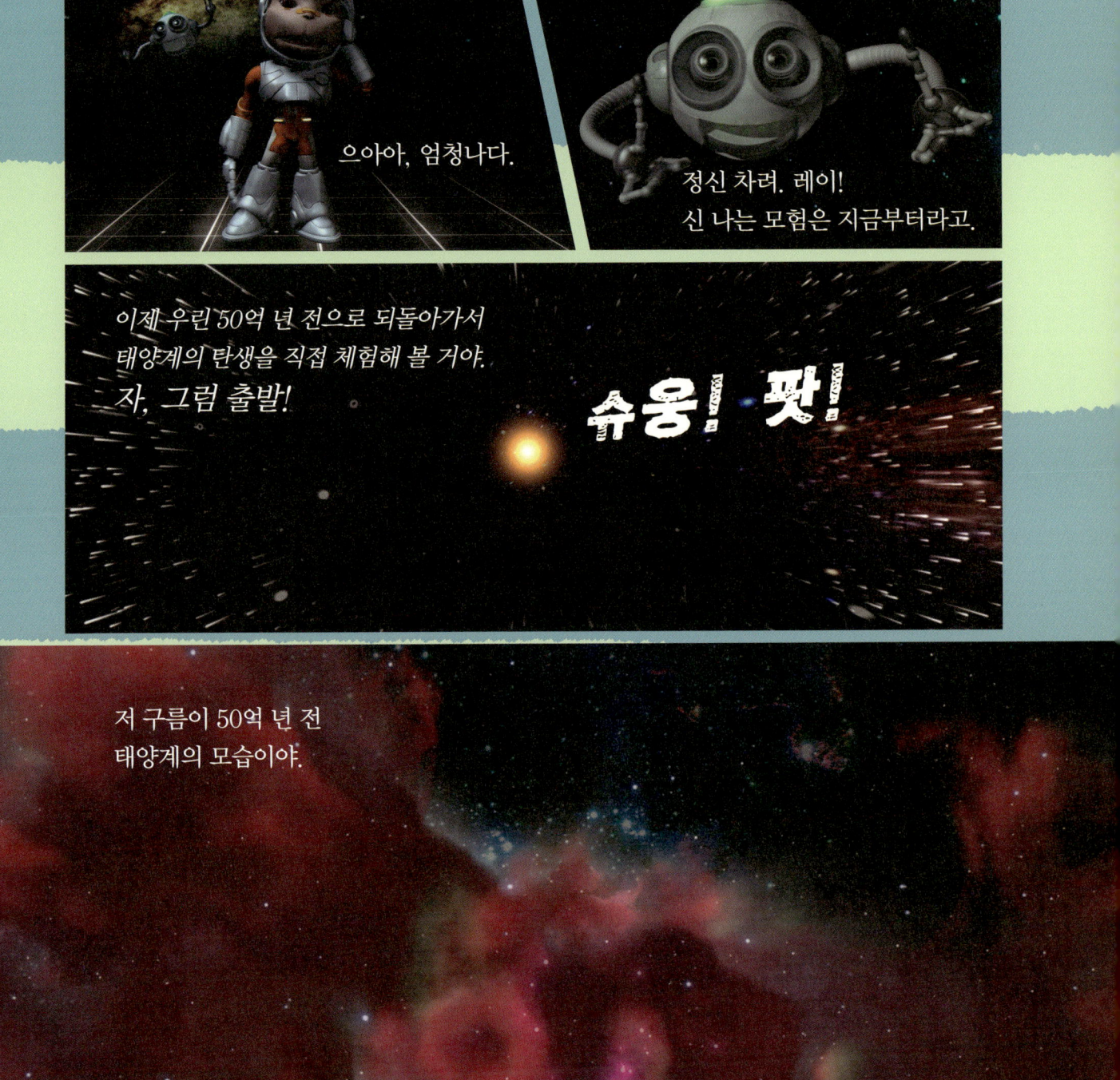

저 속으로 들어가 보자.

얍! 나 먼저 간다!

음, 여긴 온통
가스와 먼지뿐이네.

너무 춥고
캄캄하다.

왠지 불안해.

콰쾅!

앗! 별이 폭발했어.

과르르!

으앗!

쿠스,
무슨 일이 얼어난 거야?

구름이 충격을 받아서 움직이기 시작했어. 이제
서서히 돌기 시작하고, 그 속도도 점점
빨라질 거야. 그리고 계속 가운데로
뭉쳐지면서 온도도 엄청 뜨거워져.

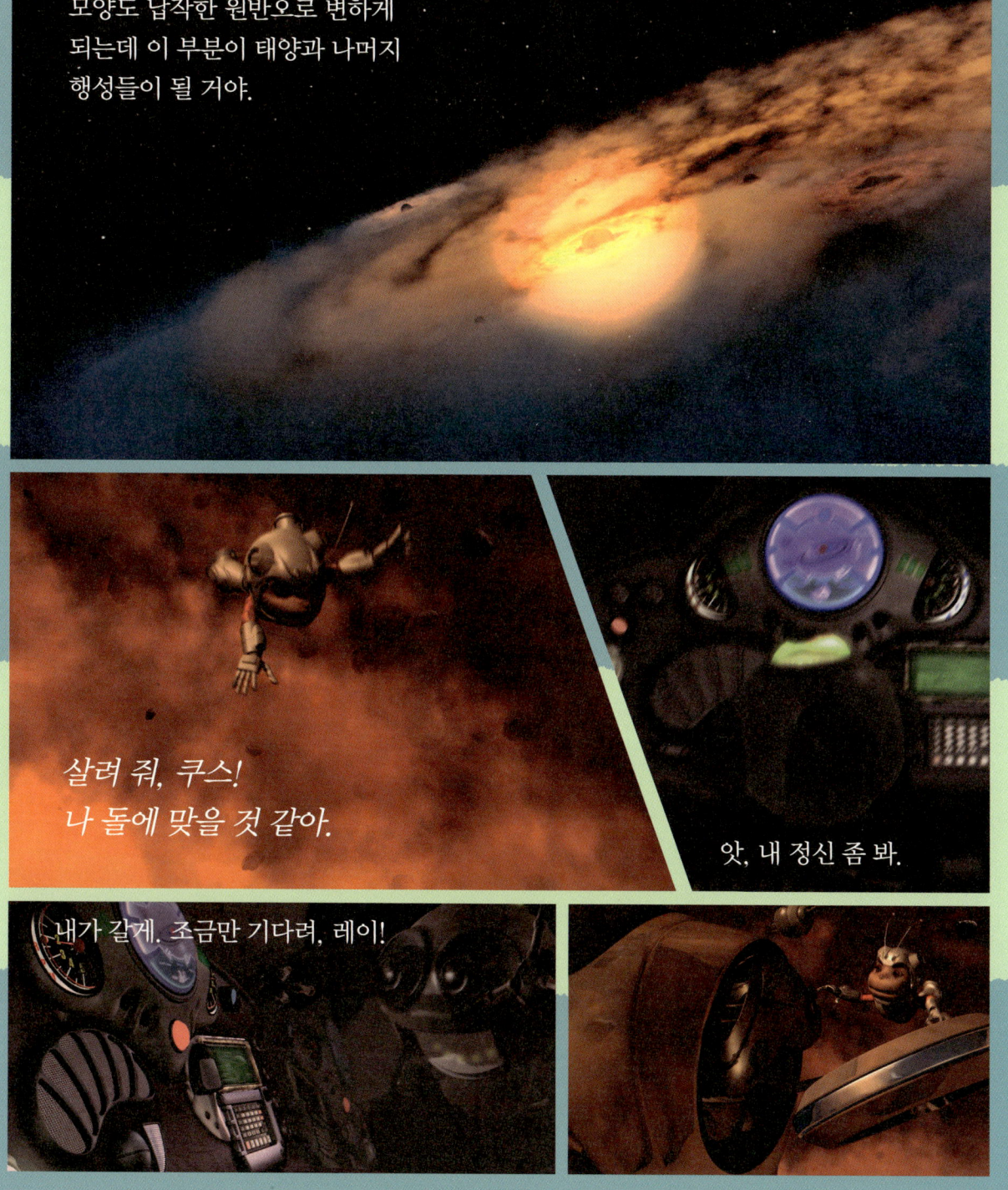

탁!

잡았다!

이제 뜨거워진 태양은 강력한 바람이 일어나고
수많은 암석 덩어리들이 서로 충돌하고 뭉치게 돼.

태양과 행성들은 이렇게 생겨난 거야.

앗! 저기 지구가 보인다. 어서 가 보자!

어, 아직은 위험한데…….

으아아이악 ! 레이, 살려!

조심했어야지. 지구는
탄생한 후 6억 년 동안
이런 상태였다고.

정말? 아, 빨리 아름다운 지구가 됐으면 좋겠다.

그런데 이상한 냄새가 나. 뭐지?

원시 지구의 공기가 화산에서 나온 가스로 이뤄져서 그래.

와! 비가 온다!

비가 내리면서 뜨거웠던 지구는 점차 식게 돼.

그리고 그 빗물이 모여서 계곡을 이루고 바다가 만들어져.

오랜 세월 동안 이런 과정을 거치고,

드디어 지구는 오늘날의 모습을 갖추게 되는 거야.

레이! 지구가 이렇게 힘들게
태어났다는 사실, 몰랐지? 그러니까
우린 지구를 더 아끼고 사랑해야 해!

태양계가 만들어지기 전,
태양계가 있던 자리에
있었던 것은 무엇일까?

❶ 혜성   ❷ 암석
❸ 금속   ❹ 우주 구름

❹ 정답

맞아, 맞아.
지구야, 사랑해!

친구들, 그럼 또 만나! 안녕!

우리가 사는 곳, 태양계!

우리는 보통 주소를 '서울시 종로구 가회동 30번지' 하는 식으로 씁니다. 하지만 우주의 시대가 본격적으로 열린다면, '우리은하, 태양계, 지구 행성, 대한민국'으로 써야 할지도 몰라요. 우주의 어딘가에서 만난 외계인이 "넌 고향이 어디야?"라고 물었을 때, "서울 종로."라고 대답하면 고개를 갸우뚱하겠지만, "우리은하, 태양계의 지구야."라고 대답한다면 외계인이 "아, 그렇구나!" 하겠지요.

넌 고향이 어디야?

우리은하, 태양계에 있는 지구야!

우리가 태양계에 살고 있다는 게 잘 느껴지지 않는다고요? 그렇다면 하늘에 있는 태양을 바라보세요. 우린 매일 해가 뜨면 일어나 활동을 하고 해가 지면 잠을 자요. 낮과 밤이 생기는 건 지구가 자전^{한 천체가 고정된 축을 중심으로 스스로 회전하는 것}을 하기 때문이에요. 또 우리는 여름이 되면 수영을 하고 겨울이 되면 눈 위에서 스키를 타죠. 이렇게 계절의 변화가 생기는 것은 지구의 축이 기울어진 채 태양 주위를 공전^{한 천체가 다른 천체 주위를 회전하는 것}하기 때문이랍니다.

지구상의 모든 생명체는 태양에서 오는 빛과 열에너지로 살아가고 있어요. 태양이 없다면 지구는 순식간에 얼음 덩어리가 되고 말 거예요. 지구의 대기는 태양으로부터 오는 에너지로 인해 데워지면서 대류 운동 기체나 액체같이 흐르는 물질이 아래에서 열을 받을 때 위로 올라가고 차가워진 윗부분은 아래로 내려와 전체적으로 빙글빙글 돌며 열을 골고루 전달하는 현상을 해요. 그래서 비, 눈, 바람, 구름과 같은 기상 현상이 일어나지요.

또 지구상의 모든 생명체들은 태양에너지로 생명을 유지하고 있어요. 우리가 먹는 곡식, 과일, 채소도 태양의 에너지가 식물 속 영양분의 형태로 저장된 것이지요. 그러니까 태양이 없다면 이 지구상에 아무것도 존재할 수 없어요.

낮과 밤의 변화

지구가 24시간 동안 자전축을 중심으로 한 바퀴 돌면서 태양 쪽은 낮, 태양 반대쪽은 밤이 된다.

계절의 변화

지구가 23.5도 기울어진 채로 공전을 하기 때문에 지역마다 받는 태양에너지의 양이 달라져 계절 변화가 생긴다. 그림의 계절 표시는 북반구에 위치한 우리나라를 기준으로 한 것이다.

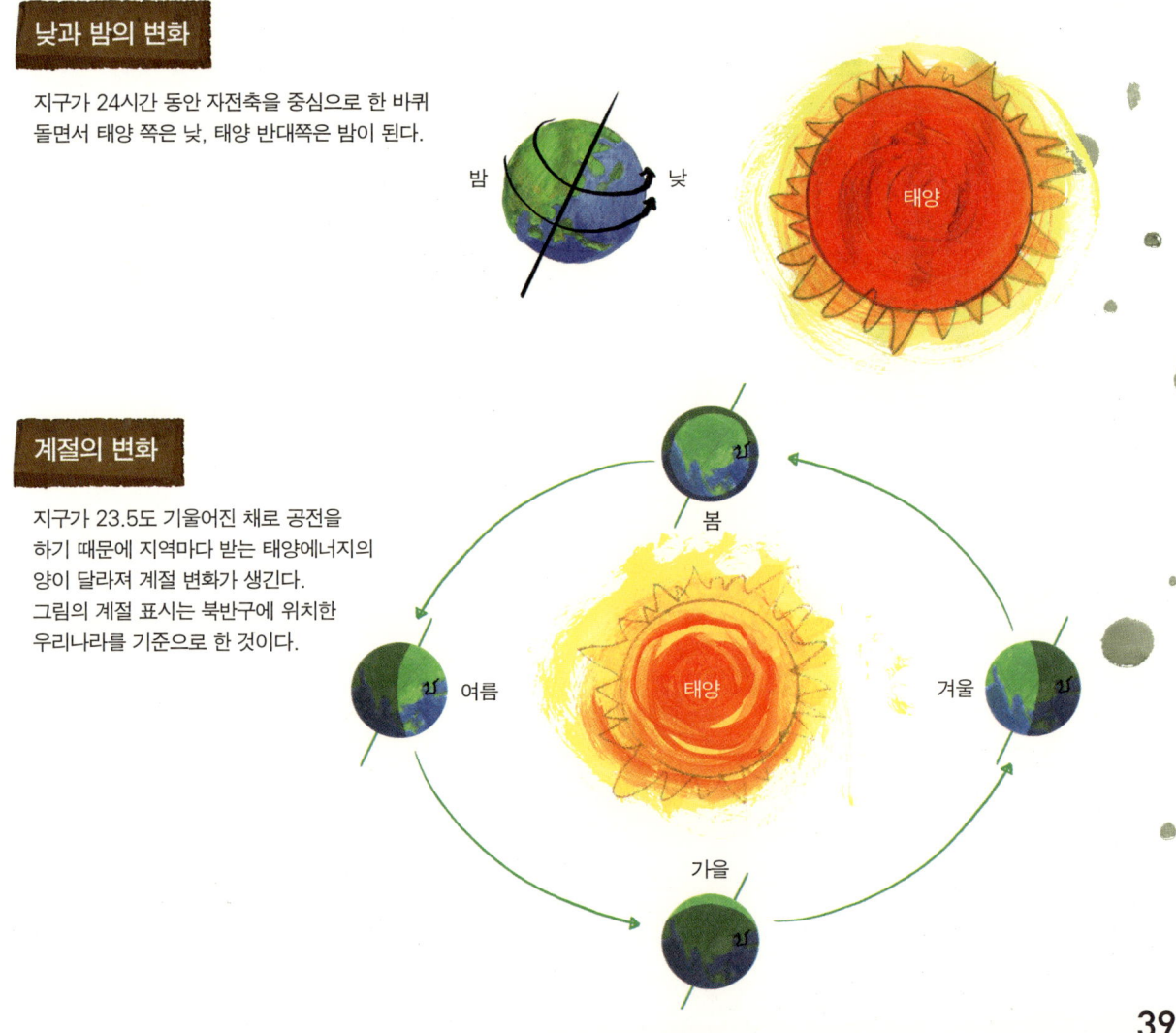

들여다보자, 태양계

태양계의 중심에는 아주 뜨겁고 밝은 빛을 내는 태양이 있어요. 그리고 태양 주위를 여덟 개의 행성이 반시계 방향으로 돌고 있죠. 행성들의 궤도는 태양계를 크게 봤을 때 동일한 평면을 돌고 있어요. 명왕성을 제외한다면 태양계는 접시보다 더 편평한 원반 같은 모양이에요.

태양에 가까운 순서대로 보면 수성, 금성, 지구, 그리고 화성이 차례로 돌고 있는데요, 이 행성들은 모두 작지만 단단한 암석으로 이루어져 있어 지구형 행성이라고 하지요. 지구형 행성 너머에는 지름이 수십 미터에서 수백 킬로미터에 이르는 바윗덩어리, 금속 덩어리들이 넓게 퍼져 궤도를 돌고 있어요. 이것을 소행성대라고 하지요. 소행성

지구

태양

수성

금성

화성

40

해왕성

태양계를 옆에서 보면 마치 납작한 원반 같다.

목성

천왕성

토성

대를 지나면 엄청나게 큰 거대 행성들 즉 목성, 토성, 천왕성, 해왕성이 차례로 있어요. 이 행성들을 목성형 행성이라고 불러요. 목성형 행성들은 지구보다 몇 배나 더 크고 수소와 헬륨 같은 기체로 이루어져 있답니다.

해왕성 너머엔 명왕성과 카론이 있는데 이 두 천체는 행성도 아니고 소행성도 아닌 좀 특이한 천체이지요. 명왕성 근처에는 카이퍼 띠라고 하는 도넛 모양의 영역이 있는데, 여기에는 혜성의 씨앗들이 모여 있어요. 카이퍼 띠 너머에는 더 많은 수의 혜성의 씨앗들이 태양계를 둥글게 둘러싸고 있는데, 이것을 오르트 구름이라 부른답니다. 오르트 구름까지를 태양계로 보고 있지만 오르트 구름이 어디까지 뻗어 있는지는 아직 몰라요.

태양계의 엄마는 우주 구름

태양계의 나이는 대략 50억 살 정도예요. 그러니까 타임머신을 타고 50억 년 전으로 되돌아가 보면 지금의 태양계 대신 지름이 대략 50~100광년 정도 되는 거대한 구름이 있을 거예요. 이 구름은 수소와 헬륨, 중원소 그리고 먼지들로 이루어져 있는데 온도가 영하 250도로 아주 차가웠어요. 바로 이 구름에서 태양, 행성, 동물, 인류, 산, 바다, 물고기, 광물 등 우리가 알고 있는 모든 것들이 나왔어요. 우리도 바로 이 구름에서 태어난 셈이지요.

태양계의 생성 과정

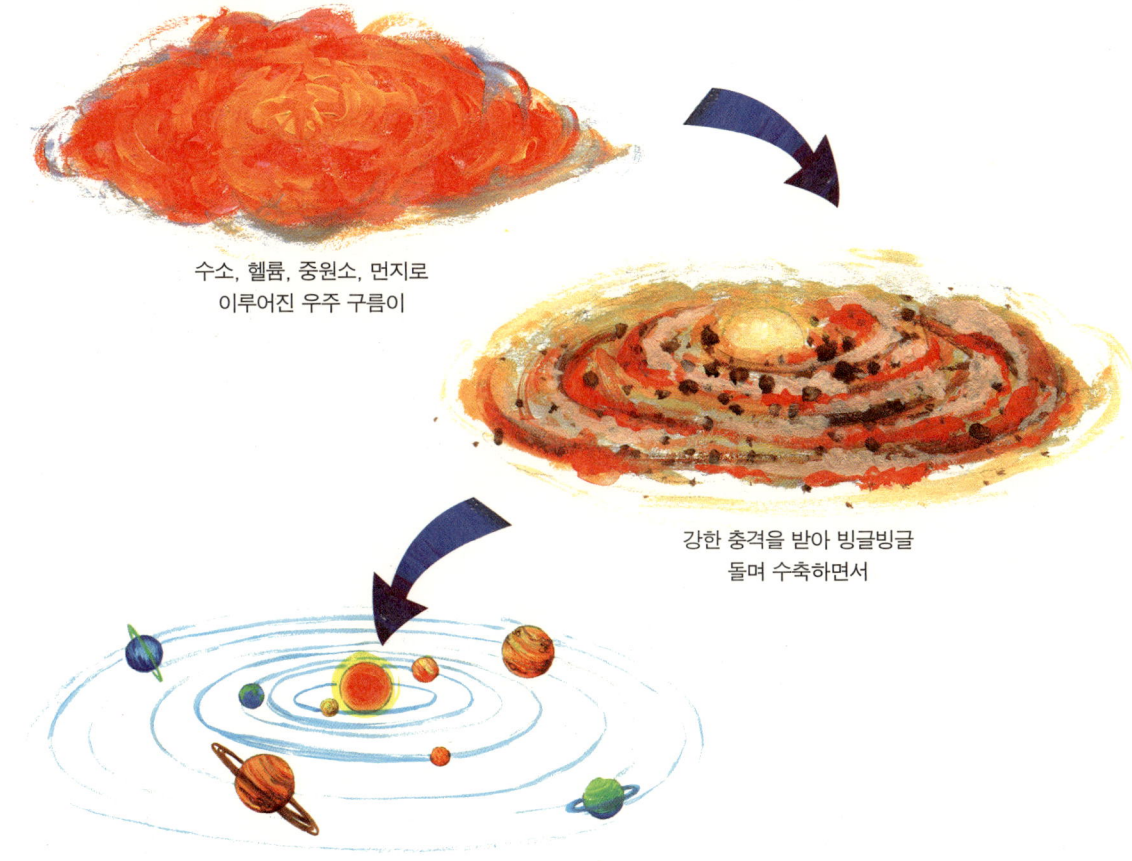

수소, 헬륨, 중원소, 먼지로
이루어진 우주 구름이

강한 충격을 받아 빙글빙글
돌며 수축하면서

태양과 행성들이 생겨났다.

그런데 우주의 구름이 어떻게 태양계로 변했을까요? 그 시작은 어떤 강한 충격이 구름을 아주 세게 때린 것이었어요. 그럼 무엇이 구름에 충격을 주었을까요? 과학자들은 ==주변에 있던 늙은 별이 폭발하면서 생겨난 충격파==로 추정하고 있어요. 어쨌든 엄청난 충격이 전체에 퍼져 구름이 폭삭 주저앉게 되면서 구름 여기저기에서 핵이 생겨나게 됐고, 핵 중심으로 중력이 생겨 기체와 먼지들이 뭉치기 시작했어요. 계속해서 기체와 먼지들이 더 뭉치면서 엄청나게 뜨거워져 드디어 태양이 생겨나게 되었지요.

예를 들어 솜사탕을 생각해 보세요. 솜사탕은 크지만 속엔 비어 있는 공간이 많아서 뭉치면 아주 작아지죠. 그러니까 태양계는 솜사탕처럼 크게 부풀어 있던 우주의 물질들이 얇은 접시처럼 납작해진 후 단단하고 큰 몇 개의 덩어리들로 뭉쳐진 것이랍니다.

태양과 함께 행성들도 태어났어요. 수성, 금성, 지구, 화성, 목성, 토성, 천왕성, 해왕성은 모두 태양과 함께 태어난 형제들이에요.

응애! 지구가 태어났어요

  납작해진 구름의 중심 부분은 엄청난 중
력이 작용해서 점점 뜨거워졌어요. 이게 바로
원시 태양이에요. 그리고 원시 태양 주위로 기체
와 먼지들이 뭉쳐져 작은 알갱이 크기에서부터 거대한
바위만 한 덩어리에 이르기까지 셀 수 없이 많은 덩어리들이 생겨났어요. 고운 밀가루
에 물을 부으면 여기저기에 밀가루 알갱이들이 생겨나죠? 손으로 얼마간 치대고 나면

크고 작은 밀가루 알갱이들이 서로 뭉쳐 커다란 덩어리가 돼요. 태양계도 이와 비슷한 과정을 거쳐 생겨났어요. 즉 태양 주위를 돌던 암석, 금속, 얼음 덩어리들이 서로 뭉쳐 몇 개의 커다란 행성이 된 것이죠.

지구가 태어나던 시기, 지구는 지금같이 아름다운 곳은 아니었어요. 레이가 본 것처럼 당시 원시 지구는 주변에 수많은 바윗덩어리들이 떠다니던 시기라 이 덩어리들에 의해 끊임없이 폭격을 당하고 있었답니다. 이러한 ==대폭격의 시기는 약 6억 년간이나 지속되지요.==

고생 끝에 낙이 온다고 했던가요? 태양 주위를 돌아다니던 수많은 덩어리들이 커다란 행성으로 뭉쳐지면서 태양계가 서서히 모습을 갖추었어요. 지구 표면을 강타하던 바윗덩어리들도 줄어들게 됐어요. 지구 표면의 부글부글 끓던 암석들이 식어 가면서 품고 있던 이산화탄소, 일산화탄소, 질소, 수증기 같은 기체들을 뿜어냈는데요, 이 기체들이 원시 지구의 대기가 됐어요.

원시 지구에서 물은 수증기 형태로 대기에 섞여 있었어요. 지구가 점점 식으면서 대기에 있던 수증기는 비가 되어 내리기 시작했죠. 그러자 지표면의 온도가 순식간에 내려갔어요. 그와 함께 대기 속의 수증기도 급속히 응결되어 지구엔 엄청난 비가 쏟아지기 시작했죠. 물은 낮은 곳을 향해 흐르면서 지표면을 가르고 바위를 부수고 떨어져 거대한 바다를 이루게 됐답니다.

바다가 생겨나자 지구의 대기 성분은 크게 변하기 시작했어요. 당시 대기의 많은 부분을 차지했던 이산화탄소가 물에 녹아 석회암 같은 무기물로 변했고 메탄과 암모니아 같은 유독한 물질이 태양의 빛을 받아 탄소, 질소, 산소 등으로 분리됐죠. 즉 ==바다와 태양이 지구 대기의 유독한 성분들을 정화==시킨 거예요. 산소들이 결합해 오존층이 생기면서 태양이 내뿜는 자외선의 공격으로부터 지구를 보호하기 시작했고 지구의 대기도 서서히 안정되어 갔어요. 지구에서는 식물의 활동이 활발해졌어요. 식물들이 광합성을 해서 산소가 풍부해지자 ==지구상에 생명체가 폭발적으로 증가==하게 됐지요. 이후 생명체들이 진화에 진화를 거듭한 끝에 우리 인간도 세상에 나타나게 되었답니다.

3 달엔 토끼가 살까? ①

계수나무 한 나무, 토끼 한 마리… 호흐흑…

토끼야, 왜 울고 있니?

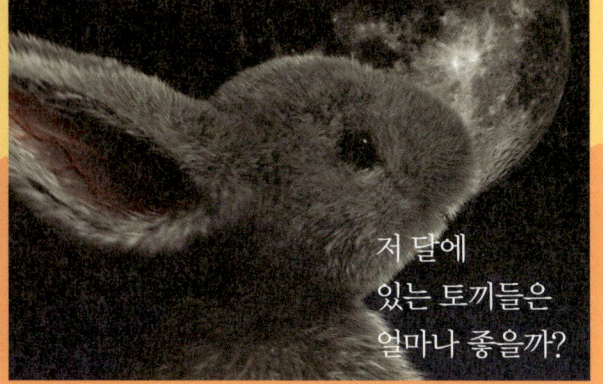

저 달에
있는 토끼들은
얼마나 좋을까?

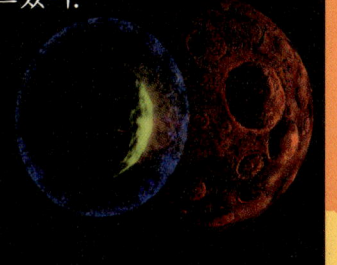

지구와 충돌을 일으켰어.

달에서 몸의 중심을 잡기가
힘든 이유는 무엇일까?

❶ 달의 중력이 약하기 때문
❷ 달이 너무 울퉁불퉁해서
❸ 달에 공기가 없기 때문
❹ 달이 너무 빨리 돌고 있어서

❶ 정답

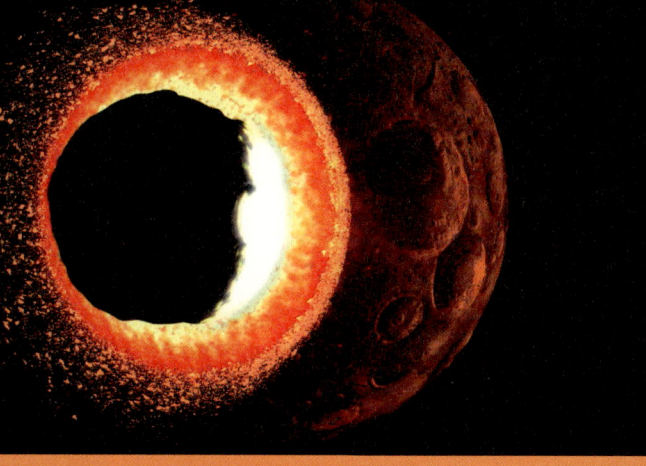

꽈광!

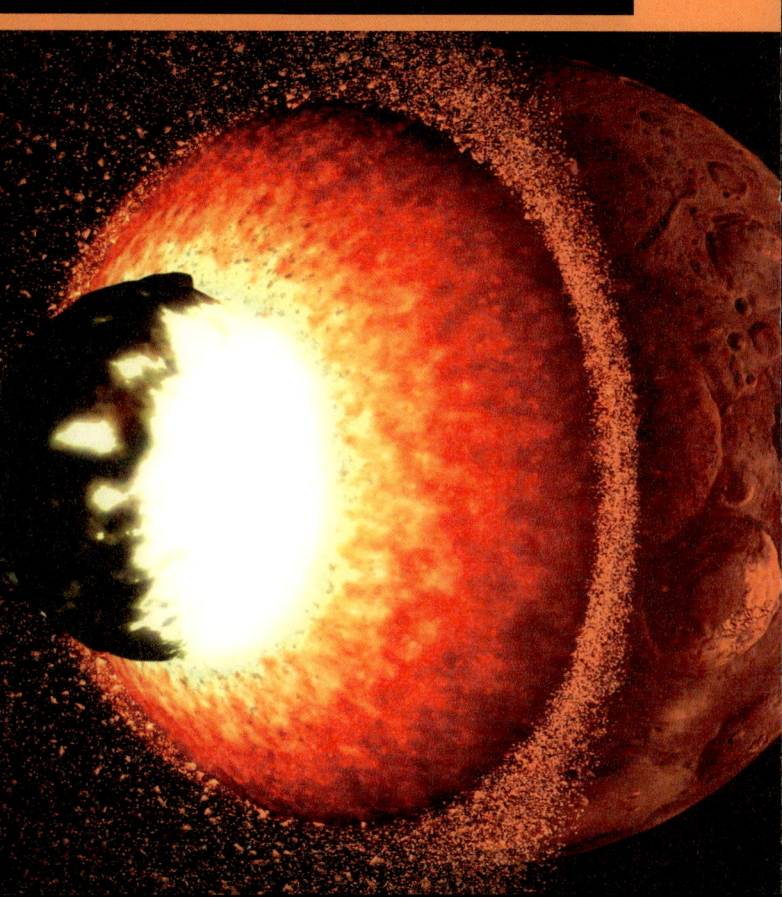

쿠구구궁!

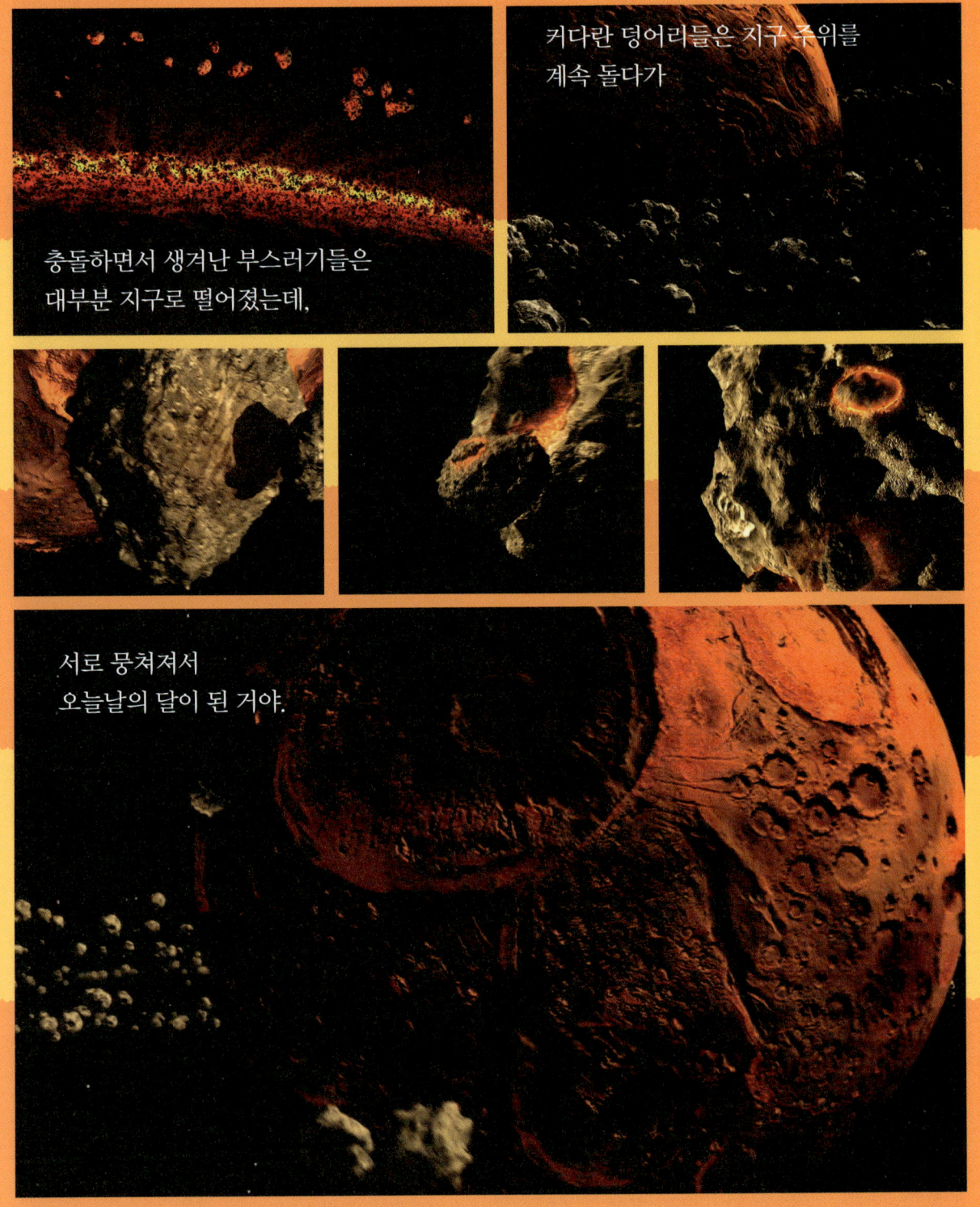

커다란 덩어리들은 지구 주위를
계속 돌다가

충돌하면서 생겨난 부스러기들은
대부분 지구로 떨어졌는데,

서로 뭉쳐져서
오늘날의 달이 된 거야.

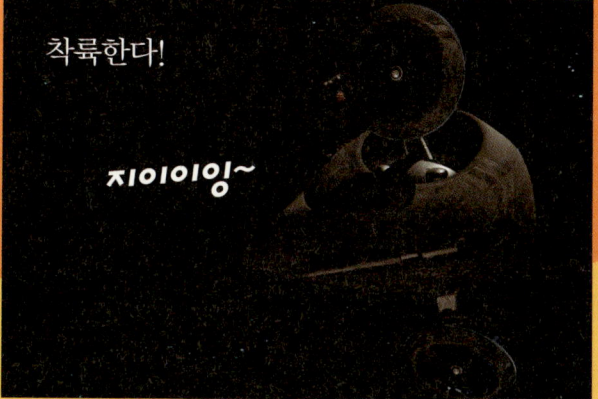

내가 도와줄게, 레이!

으랏차!

붕~

히유!

아이고, 정신이 하나도 없네.

레이, 달은 지구보다 80배나 가벼워서 물체를 당기는 힘이 지구의 6분의 1밖에 안 돼.

그래서 조금만 빨리 걸어도 몸이 붕붕
뜨게 된다고. 그러니까 중심을 잘 잡아.

알았어, 쿠스.
그런데 여긴 어디야?

여기?
여기가 바로 바다지!

바다라고?

내 눈엔 아무리 봐도
바다 같지 않은데?

그런데 왜 이런 데를
바다라고 부르는 거야?

지구에서 보면 여기가 검게 보이거든.
그래서 옛날 사람들은 여기가 바다라고 생각했어.
하지만 사실은 어두운 색깔의 암석으로 된 평지야.

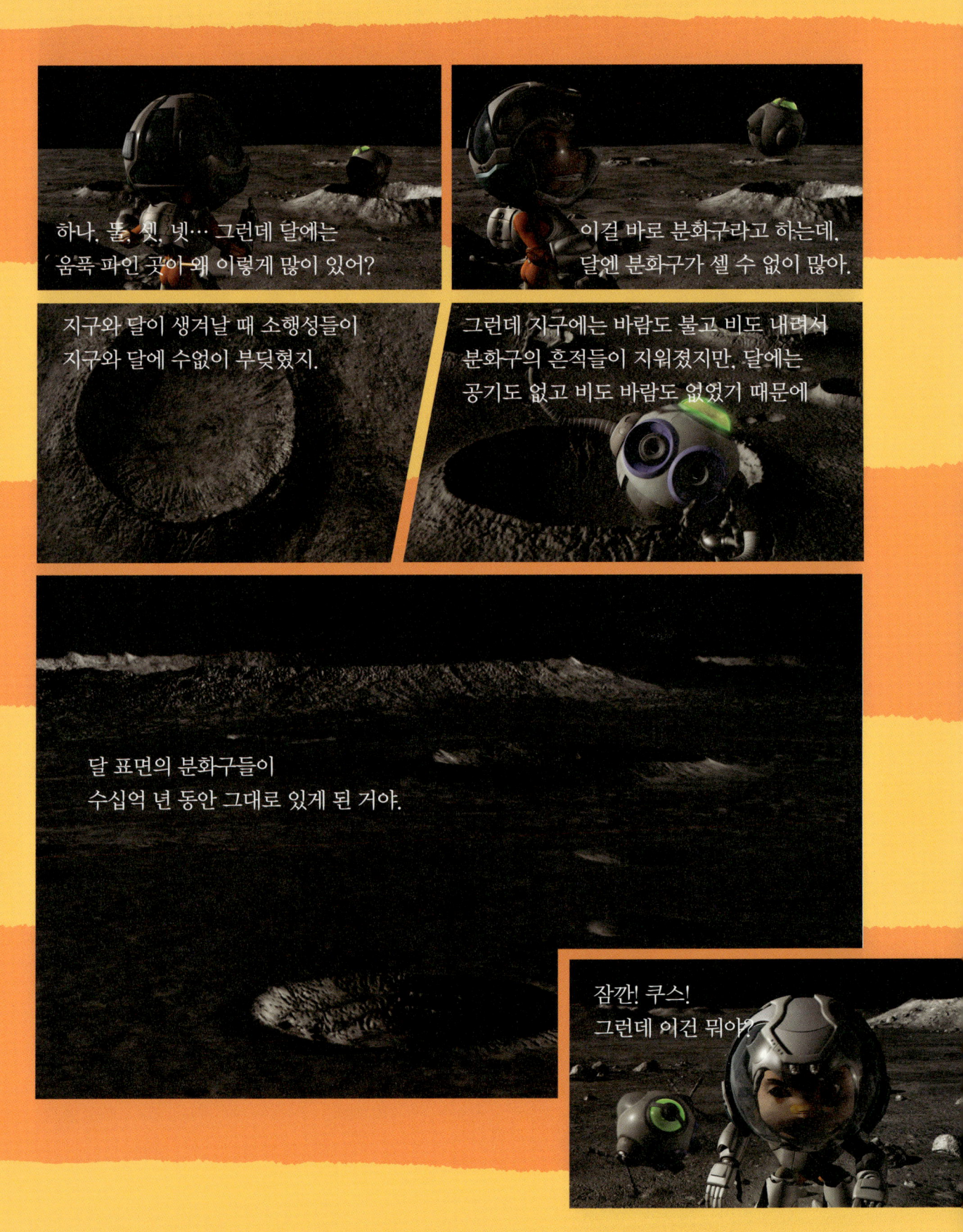

달은 어떻게 탄생했을까?

지금으로부터 약 45억 년 전, 지구를 강타하던 대폭격도 서서히 사라져 지표면이 식어 갈 무렵이었어요. 화성보다 큰 원시 행성 하나가 지구로 돌진해 왔어요. 이 원시 행성과 지구가 충돌하자 지구의 지표면은 대부분 녹아 버렸고 그 바람에 원시 행성도 거의 녹아서 지구와 합쳐졌죠. 충돌에서 생긴 수많은 부스러기들은 대부분 지구 중력장에 잡혀 지표면으로 떨어졌지만 더 큰 조각들은 지구 주위를 빙빙 돌다가 큰 덩어리로 뭉쳐져 달이 되었어요.

달이 처음 만들어졌을 당시 달은 지금보다 훨씬 지구와 가까이 있었어요. 그때는 달이 더 커 보였을 거예요. 달은 지금도 일 년에 3센티미터씩 멀어지고 있어요.

달의 지름은 지구 지름의 약 4분의 1 정도로, 위성행성 주위를 공전하는 천체 치고는 아주 큰 편에 속한답니다. 화성의 위성 포보스의 지름은 겨우 27킬로미터이고, 목성의 위성 중 가장 큰 가니메데도 목성 지름의 27분의 1 정도밖에 안 되지요.

지구에 거대한 원시 행성이 충돌하여
달이 생겨났다.

달은 어떤 곳?

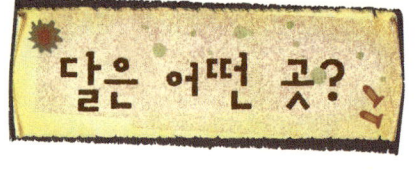

달은 멀리서 보는 예쁜 모습과는 달리 끔찍한 곳이에요. 파란 하늘, 신선한 공기, 시원한 물, 초록빛 풀 등은 꿈도 꾸지 말라니까요. 달은 중력이 약해서 대기를 잡아 놓을 힘이 없어요. 그래서 신선한 공기는커녕 대낮에도 하늘이 까맣게 보인답니다. 공기가 없으니 소리가 들릴 리도 없고 비, 구름, 바람, 폭풍 같은 것도 없죠. 또 낮에는 섭씨 130도까지 치솟고 밤에는 영하 130도까지 떨어지는 무시무시한 곳이랍니다.

달 (Moon)

질량 ▶ 7348×10²²킬로그램
(지구 질량의 100분의 1)
지름 ▶ 3477킬로미터 (지구 지름의 약 3.6분의 1)
표면 중력 ▶ 0.17그램 (지구의 약 6분의 1)
표면 평균 온도 ▶ 영하 42도
낮 최고 기온 ▶ 130도
밤 최저 기온 ▶ 영하 130도
자전 주기 ▶ 27.32일
공전 주기 ▶ 27.32일

낮

밤

달의 지형을 알아보자!

지구 아래에는 뜨거운 맨틀이 빙글빙글 돌고 있고 그 위에 있는 지각이 맨틀의 움직임을 따라 이리저리 움직이고 있어요. 그러다 보니 마그마가 내뿜어지기도 지각의 판들이 서로 만나 거대한 산맥이 만들어지기도 하죠. 하지만 지구와 달리 달의 내부는 딱딱하게 굳어 있어요. 그래서 지구처럼 화산 폭발, 지진과 같은 현상은 일어나지 않아요.

달은 처음 생성된 이후 약 2억 년 동안은 녹아 있었던 상태였다가 점차 굳어 갔어요. 그러다가 계속 소행성들과 충돌하면서 내부의 마그마가 표면을 뚫고 나와 넓게 퍼졌고, 30억 년 전 즈음엔 마그마가 표면으로 나올 수 없을 정도로 냉각됐어요. 대기도 없고 물도 없어 달의 표면은 지난 30억 년 동안 거의 변하지 않았어요. 그 이후에도 크고 작은 소행성들이 충돌하면서 달의 표면 물질을 더욱 잘게 부수었고 내부는 더욱 단단하게 굳어 갔답니다.

달에는 맑음의 바다, 고요의 바다, 풍요의 바다 등이 있어요. 그렇지만 달에 있는 바다는 파도가 넘실대는 곳은 아니라 어두운 암석으로 이루어진 넓은 평지랍니다. 그런데 왜 바다냐고요? 지구에서 볼 때 유난히 어두워서 바다처럼 보인다고 붙인 이름이지요. 수십 억 년 전 달에 거대한 소행성, 혜성들이 충돌하면서 달 내부의 마그마가 뚫고 나와 아주 넓은 지역에 흘러내렸어요. 그 부분을 바다라 부르는 거예요.

달에는 움푹 파인 분화구, 즉 크레이터가 셀 수 없이 많아요. 원래는 달보다 지구에 분화구가 훨씬 더 많았답니다. 그런데 그 자국은 지구의 지각 운동과 대기 운동으로 인해 거의 지워졌죠. 하지만 달에는 공기도 바람도 없기 때문에 분화구들이 계속 남아 있게 된 거예요.

달의 분화구에서 솟아오른 부분을 산이라고 불러요. 비록 나무나 새는 없지만 달에 있는 산에서 신 나게 놀 수 있어요. 달 표면은 보들보들한 먼지로 뒤덮여 있어서 완만한 경사가 진 곳은 스키를 타기에 안성맞춤이라나요? 달을 탐험했던 우주인들은 달의 표

비의 바다
맑음의 바다
폭풍의 바다
고요의 바다
풍요의 바다
감로주의 바다
습기의 바다
구름의 바다

달에서 어둡게 보이는 부분을 바다라고 부르는데,
실제로는 암석으로 이루어진 넓은 평지이다.

면이 푹신한 눈을 밟는 것과 비슷한 느낌
이었대요. 달의 산에서 우주복을 입고
스키를 탄다면 정말 멋지겠죠?
　달엔 물이 없어요. 낮에 온도가 섭씨
130도까지 올라가니 물이 모조리 증발
해 버릴 수밖에요. 극지방에 얼음 상태
의 물이 있을 거라 예측하고 있는데 아
직 확인하지는 못했답니다. 또 달에는
대기가 없기 때문에 비, 바람, 눈보라
같은 현상이 일어나지 않아요. 그래서
한번 생긴 자국은 그대로 보존되죠.

달에는 크레이터가 무수히 많다.

4 달엔 토끼가 살까? ②

와! 쿠스, 달에서 보는 지구의
모습이 멋지지 않니?

그래. 파란 공 같아.
정말 아름답다.

지구의 푸른 바다와 파란 하늘이 그립다.

그런데 왜 달에서는 하늘이 까만 거야?

태양빛이 지구에 올 때,

공기나 먼지에 부딪히면 빛이 여러 방향으로 퍼지거든.

이때 파란색이 훨씬 더 많이 퍼지기 때문에 우리 눈에 하늘이 파랗게 보이는 거야.

하지만 달에는 공기나 먼지가 없어서 태양빛이 그대로 내리쬐기 때문에 하늘이 까맣게 보여.

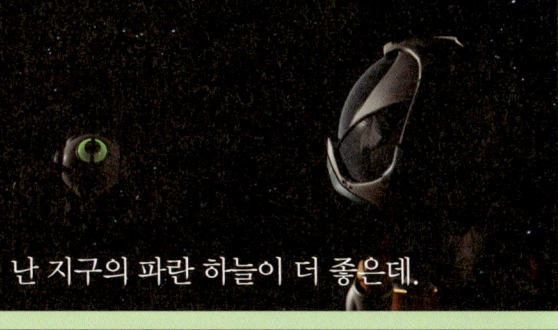

난 지구의 파란 하늘이 더 좋은데.

하지만 달 하늘이 까매서 좋은 점도 있어. 별빛도 깜빡거리지 않고 구름도 비도 없기 때문에 우주가 바로 보인다고.

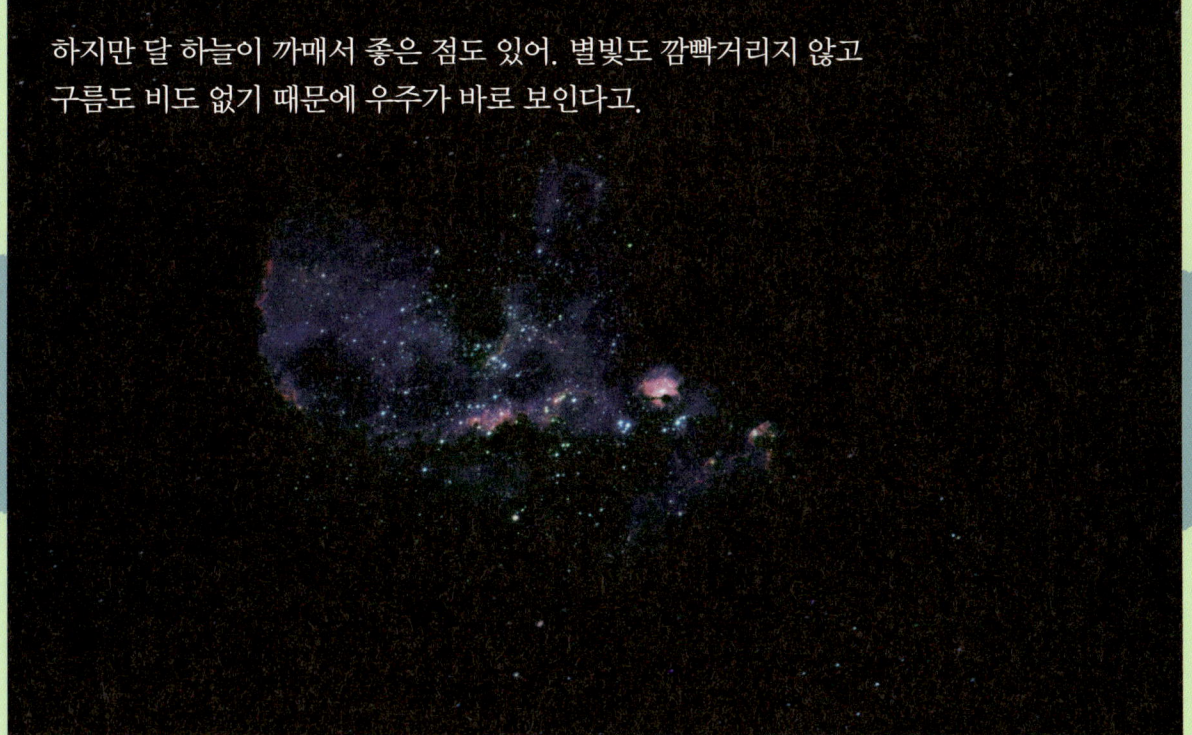

아함~

그런데 내가 왜 이렇게 피곤하고 졸린 걸까?

잠도 안 자고 50시간째 달을
탐험하고 있잖아.

정말?

50시간이나 지났어? 그런데 왜 아직도
이렇게 환해?

지구가 스스로 도는 것을 자전이라고 하는데
한 번 자전하는 데는 24시간이 걸려.

24:00

또 지구가 태양 주위를 도는 것을
공전이라고 하고, 한 번 공전하려면
365일이 걸리지.

365

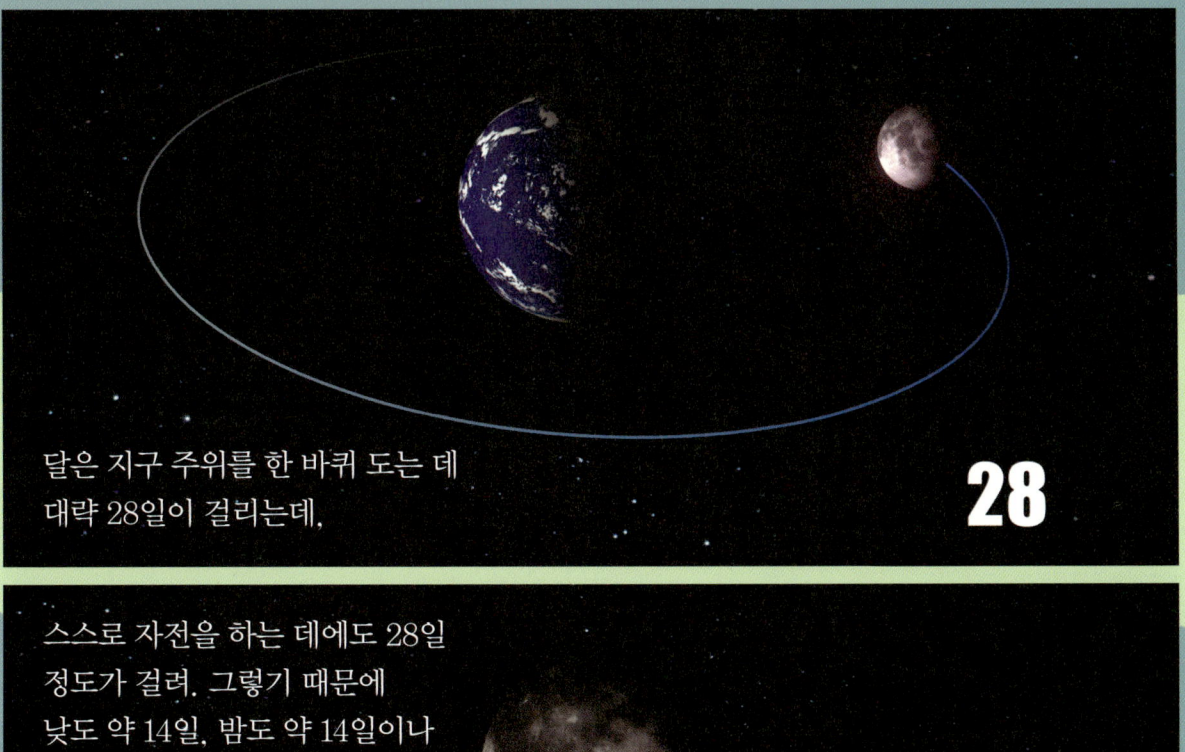

달은 지구 주위를 한 바퀴 도는 데
대략 28일이 걸리는데,

28

스스로 자전을 하는 데에도 28일
정도가 걸려. 그렇기 때문에
낮도 약 14일, 밤도 약 14일이나
계속되는 거야.

그럼, 밤이 되려면 아직
멀었구나. 아유, 졸려~

재미있는 건, 달이 공전하는
시간이랑 자전하는 시간이
같기 때문에 지구에서는
항상 달의 앞면만 볼 수
있다는 거야.

그래서 달엔 토끼가
살 수 없는 거야.

아, 그렇구나.

그런데 쿠스,
지구에서 봤을 때
왜 달의 모양이
변하는 거야?

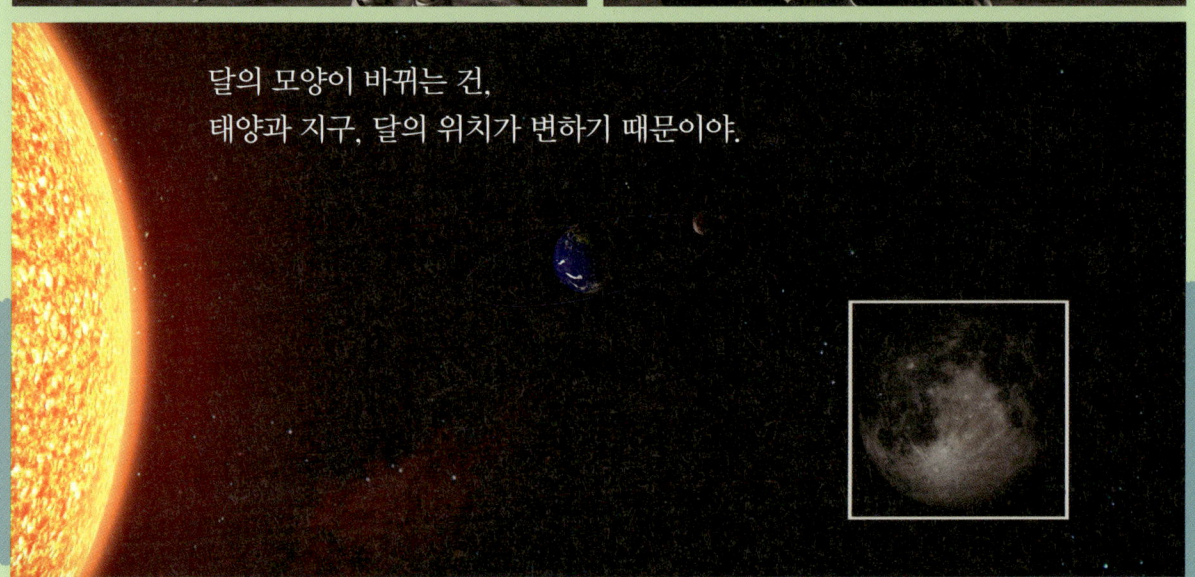

달의 모양이 바뀌는 건,
태양과 지구, 달의 위치가 변하기 때문이야.

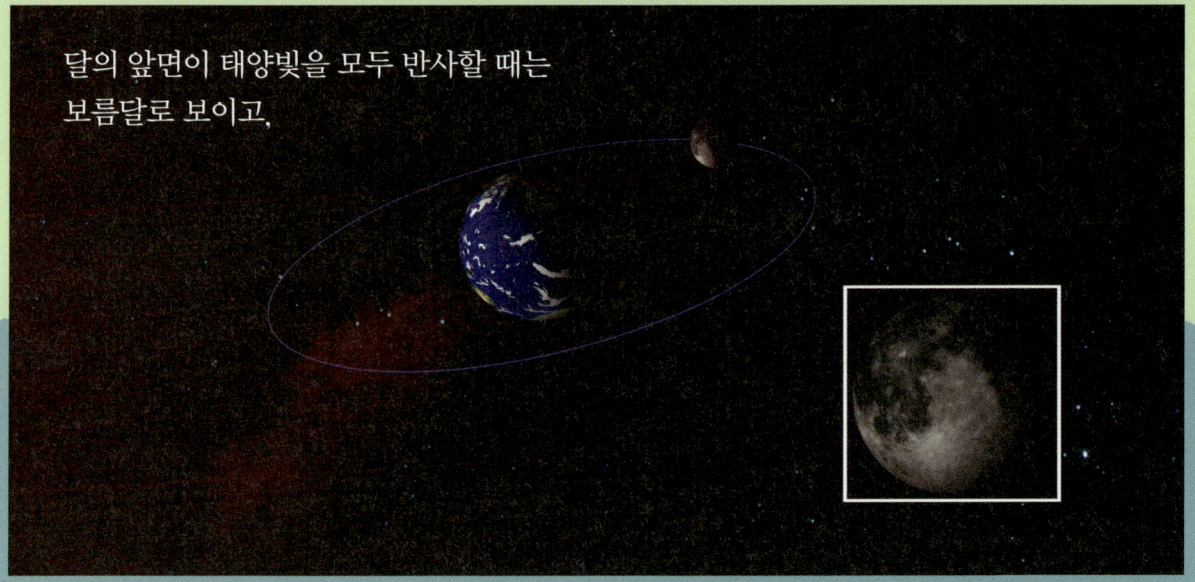

달의 앞면이 태양빛을 모두 반사할 때는
보름달로 보이고,

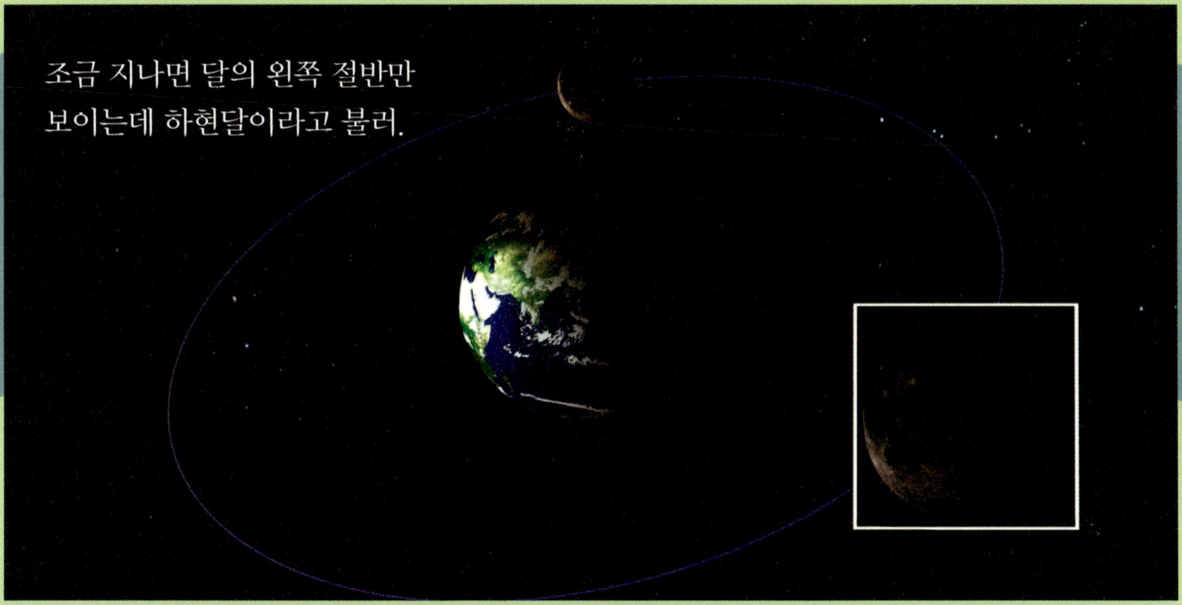

조금 지나면 달의 왼쪽 절반만
보이는데 하현달이라고 불러.

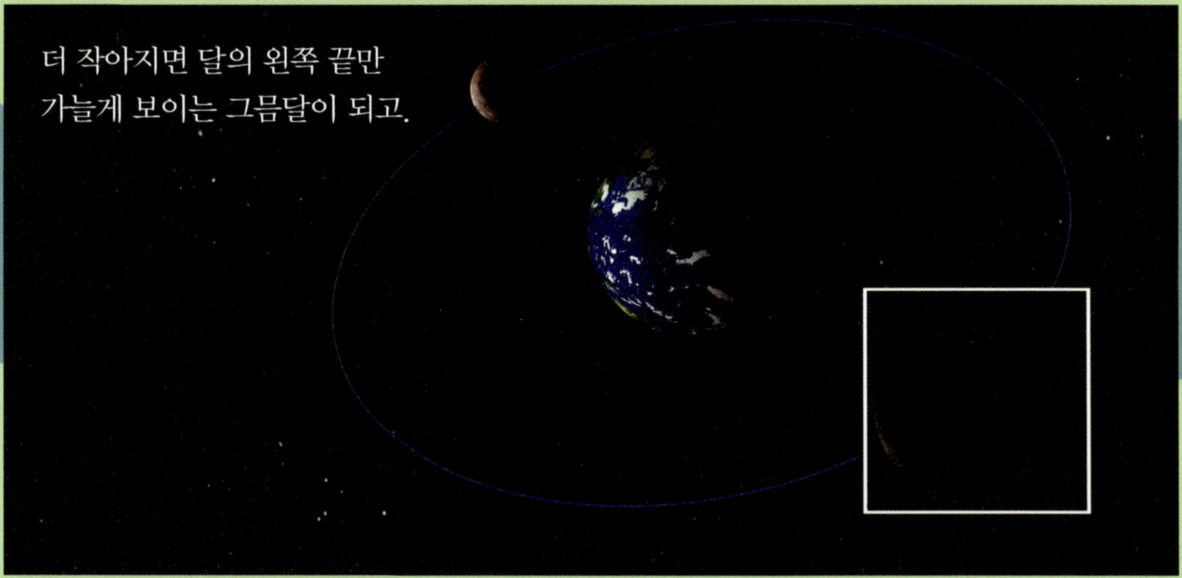

더 작아지면 달의 왼쪽 끝만
가늘게 보이는 그믐달이 되고.

그러다가 태양, 달, 지구의 순서로 놓이게 되면,
달은 태양빛을 가려서 보이지 않게 돼.

며칠 후면 다시 오른쪽 끝이
조금 보이는 초승달이 되고

밝은 부분이 점점 커지면서 반달이
되는데 상현달이라고 불러.

그러다가 점점 차올라서 결국 처음의
보름달 모양으로 되돌아가는 거야.

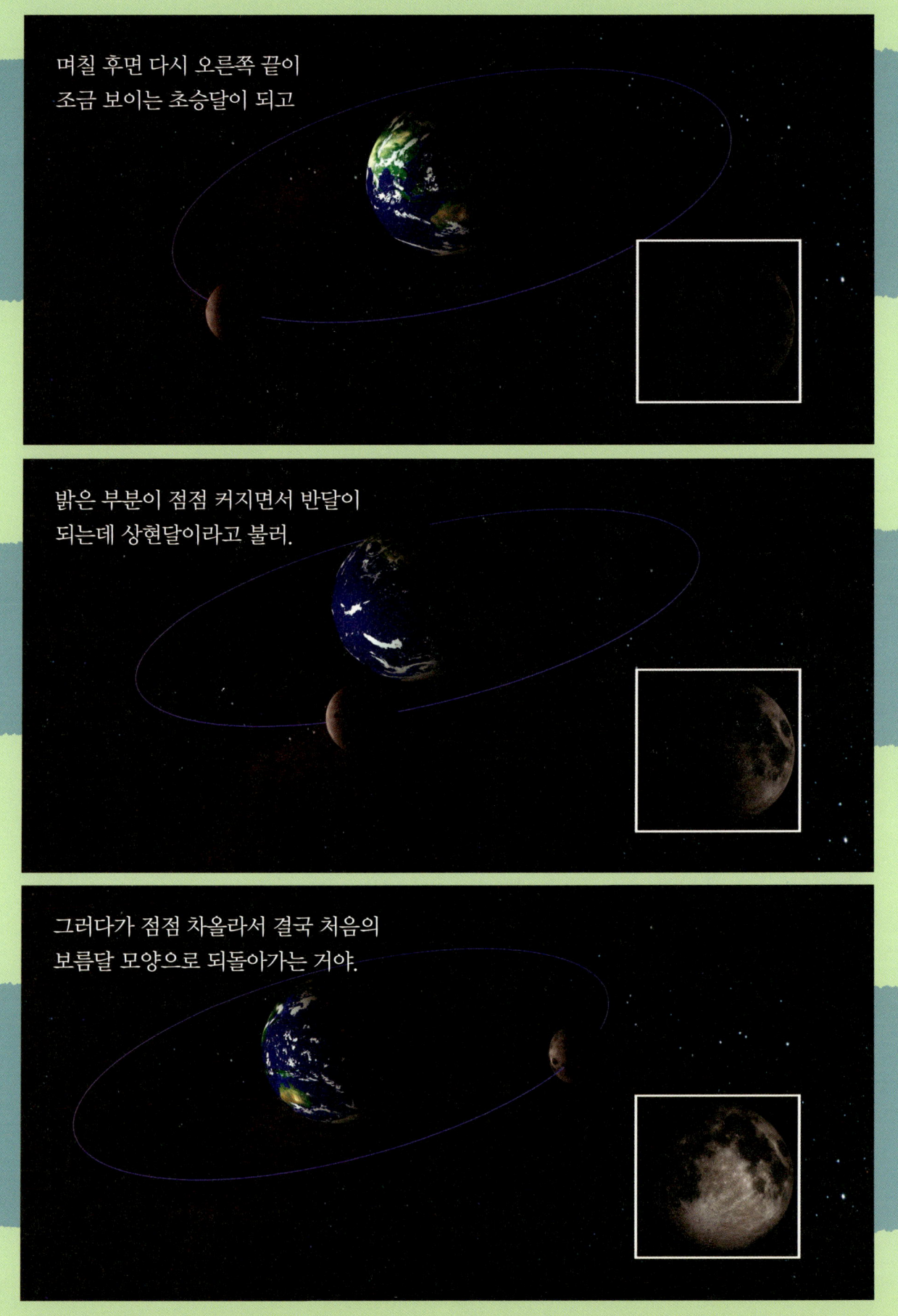

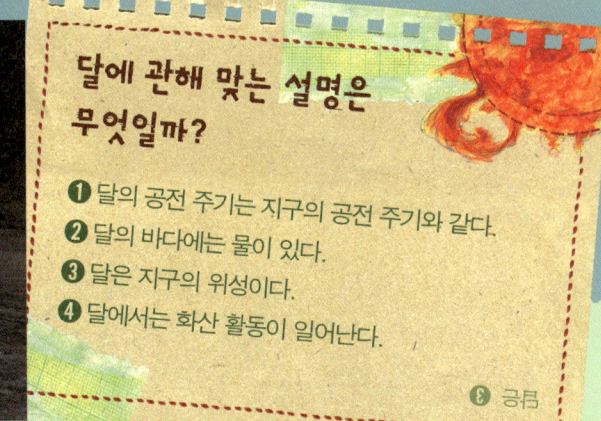

찰칵! 찰칵!

달에서의 하루

　　태양계 행성들의 자전 주기와 공전 주기는 제각각 달라요. 지구의 자전 주기는 24시간이에요. 24시간 만에 낮과 밤이 한 번씩 바뀌는 거죠. 그렇다면 달은 어떨까요? 달은 낮과 밤이 한 번 바뀌는 데 지구 시간으로 27.32일이 걸린답니다. 그러니까 ==낮의 길이가 대략 보름, 밤의 길이가 대략 보름==이나 되지요. 달에서 하루를 보내는 것은 지구 시간으로 약 한 달에 해당하는 긴 시간이에요.

　　달에서는 일교차가 심해요. 낮에는 섭씨 100도가 넘게 뜨거워지고, 밤에는 영하 100도 이하로 떨어지죠. 지구는 산소, 질소, 이산화탄소 등이 있는 대기가 태양으로부터의 열을 조절해 주기 때문에 일교차가 그렇게 심하지 않아요. 하지만 달에서는 낮과 밤이 보름씩이나 지속되고 대기도 없기 때문에 일교차가 심하지요.

달에는 대기가 없어 태양빛이 그대로 내리쬔다.

지구에는 대기가 있어 태양빛이 대기에 부딪혀 산란되고 열이 조절된다.

지구에서의 일 년은 지구가 태양 주위를 한 번 도는 시간, 즉 365일이에요. 달은 지구 주위를 도는 위성입니다. 달이 지구를 한 번 도는 데는 대략 27.32일이 걸려요. 그러니까 달은 하루와 일 년이 같은 셈이죠. 하루가 지나면 일 년이 지난 셈이랍니다.

오늘은 무슨 달이 떴지?

태양과 지구와 달이
배열되는 위치에 따라
달의 모양이 바뀐다.

달의 모양이 변하는 이유는 태양, 지구, 달의 위치가 바뀌기 때문이에요. 달은 스스로 빛을 내지 못하기 때문에 태양빛을 받아야 하는데, 우리가 볼 수 있는 부분이 바로 이 태양빛을 받는 부분이죠.

태양, 지구, 달의 순서로 배열됐을 때, 달은 태양빛을 전면으로 받게 되어 지구에서 보면 보름달로 보인답니다. 조금 지나면 달의 왼쪽만 보이는 반달이 되지요. 이것을 하현달이라 합니다. 조금 더 지나면 그믐달이 되고요.

태양, 달, 지구의 순으로 배열되면 달이 태양빛을 가려 보이지 않게 됩니다. 이때를 삭이라고 하죠. 며칠 더 지나면 다시 초승달이 나타나고, 오른쪽만 보이는 반달인 상현달로 변합니다. 그리고 며칠 후면 다시 보름달이 되죠.

보름달 하현달 그믐달 삭 초승달 상현달 보름달

달의 중력은 지구보다 훨씬 약해요

몸무게가 많이 나가서 걱정이라고요? 달에 가면 몸무게를 한꺼번에 6분의 1로 줄일 수 있어요. 만약 내 몸무게가 36킬로그램이라면 달에 갔을 땐 6킬로그램밖에 나가지 않는답니다. 그건 달이 물체를 잡아당기는 힘, 즉 중력이 지구 중력의 6분의 1밖에 되지 않기 때문이에요. 그러니까 달에서 야구를 한다면 투수가 던지는 공이 끝도 없이 날아갈지도 몰라요. 높이뛰기 선수도 있는 힘껏 뛰었다가는 어디까지 날아갈지 모른답니다. 달에서는 한 걸음 뗄 때마다 몸이 붕붕 떠오르면서 균형을 잡기가 어렵지요.

달에서는 키도 더 커질 수 있어요. 지구에서는 강한 중력 때문에 등뼈들이 촘촘하게 붙어 있지만 달에서는 중력이 약하기 때문에 등뼈가 느슨해진대요. 그렇게 되면 뼈 사이의 공간만큼 키가 커진답니다.

달을 향해 출발!

1972년 발사된 미국의 달 탐사선 아폴로 17호

1950년대 인류는 달에 가기 위해 우주선 개발에 박차를 가하기 시작했습니다. 누가 먼저 달을 밟느냐를 두고 미국과 구소련 두 나라가 경쟁을 벌였지요. 두 나라는 먼저 사람을 태우지 않은 무인 우주선을 달에 쏘아 보냈어요. 우주와 달에 대한 지식이 부족했으므로 사람이 갔다가 살아 돌아올 수 있을지 장담할 수 없었기 때문이죠. 실제로 우주 개발 초기에 미국에서 쏘아올린 우주선은 달을 완전히 빗나간 적도 있었어요. 달에 맨 처음 도착한 소련의 우주선이 달 표면에 충돌하여 산산조각이 나기도 했고요.

수많은 실패 끝에 1969년 7월 20일 드디어 미국의 우주선 아폴로 11호가 우주비행사들을 싣고 달에 도착했어요. 우주선 본체가 달 주위의 궤도를 돌고 있는 동안 두 우주비행사는 작은 달 착륙선을 타고 달 표면에 착륙했죠. 달에 착륙한 닐 암스트롱과 버즈 올드린은 달의 먼지와 암석을 채취해서 지구로 가져왔어요. 과학자들은 그것을 연구해서 달의 나이, 달이 탄생하게 된 과정 등을 알아냈죠. 우주비행사들은 월면차를 타고 달을 탐사했고, 달 표면에 반사경을 설치해서 지구와 달의 거리를 정확하게 측정할 수 있었어요.

닐 암스트롱이 찍은 버즈 올드린의 사진.
두 우주비행사는 두 시간 반 동안
'고요의 바다'를 탐사했다.

아폴로 15호 때부터 달 탐사에 월면차가 사용되었다.

75

달이 우리에게 미치는 영향

비록 우린 의식하지 못하지만 달은 인간에게 큰 영향을 미친답니다. 인간이라는 존재 자체가 우주의 일부분이기 때문에 달을 포함한 모든 천문 현상의 영향력을 벗어날 수 없는 것이죠.

인간의 생체 시계에는 달의 움직임에 따르는 프로그램도 내장되어 있어요. 대표적인 예가 바로 여성의 생리 주기예요. 달은 약 29일을 주기로 보름달이 됐다가 줄어들어 사라졌다가 다시 보름달이 되기를 반복하는데, 이 주기는 여성의 생리 주기와 일치한답니다. 여성의 몸속에 있는 자궁은 아기를 키우기 위해 매달 피를 모았다가 배출하는데 이때 걸리는 시간이 바로 29일이에요. 인류가 종을 보존하기 위해 자손을 번식하는 프로그램이 달의 공전 주기에 맞춰져 있는 것이죠.

비슷한 현상은 다른 생물들에게서도 나타나고 있어요. 거북이들은 보름달이 뜰 때 알을 낳으러 해변으로 올라와요. 또 서해안의 꽃게는 야행성인데 음력 보름이 되면 살이 빠져요. 환한 달빛으로 인해 적에게 잡아먹힐 가능성이 높아져 먹이도 안 먹고 숨어 지내기 때문이죠. 그래서 게는 그믐 때 잡은 것이 살이 많아 값이 비싸답니다.

바닷물은 달을 따라 움직여요. 달의 잡아당기는 힘, 즉 인력 때문에 바닷물이 달이 있는 쪽으로 몰리게 되는데, 이때 물이 약 1미터 정도 솟아오르게 되죠. 이 현상이 바로 밀물과 썰물이에요.

달의 인력은 바닷물뿐 아니라 지구 전체에도 영향을 미치고 있어요. 지구는 달이 잡아당겨 바닷물이 움직이는 쪽의 반대 방향으로 자전을 하기 때문에 조금씩 자전 속도가 느려지고 있어요. 즉 하루가 조금씩 길어지고 있는 것이죠. 지금으로부터 4억 년 전 지구 자전 속도는 지금보다 빨라 1년은 400일 정도였어요. 달도 훨씬 크게 보였고요. 앞으로 45억 년 후에는 지구의 하루가 24시간이 아니라 48시간이 될 거라고 해요. 달은 지금보다 더욱 멀어져 일식 현상도 볼 수 없게 되고요. 그렇게 된다면 정말 아쉽겠죠?

달에 기지를 세우는 그날까지

　머지 않은 미래에 인류는 자유롭게 달을 오고갈 수 있을 거예요. 달에 우주 기지가 건설될 테니까 말이에요. 달에 우주 기지를 건설하면 천문학자들이 대환영일 거예요. 지구에서는 대기에 가려서 우주를 자세히 볼 수 없지만 달에 가면 대기가 없기 때문에 아주 먼 우주까지 선명하게 볼 수 있으니까요. 또 달을 개발해서 지구에 필요한 광물들을 가져올 수도 있겠죠.

　하지만 달에서 살기 위해서는 공기도 있어야 하고 마실 물도 있어야 해요. 여러분들이 관심을 가지고 열심히 연구해서 이 문제들을 꼭 해결해 주길 바라겠어요!

5 지구의 엄마, 태양

우와! 쿠스, 오로라가 정말 아름답다.

그런데 어떻게 저런 아름다운 오로라가 생기는 걸까?

그건 말이야,
태양풍 때문이야.

태양풍이라고?
그게 뭐야?

음, 그건 말이야…

아이, 이럴 게 아니라 태양에 직접
가서 알아보자. 태양은 지구의
엄마니까 꼭 한 번 가 봐야 한다고.

좋아, 좋아!

근데 왜 태양이
지구의 엄마지?

가 보면 알아!

자, 출발!

슈우웅!

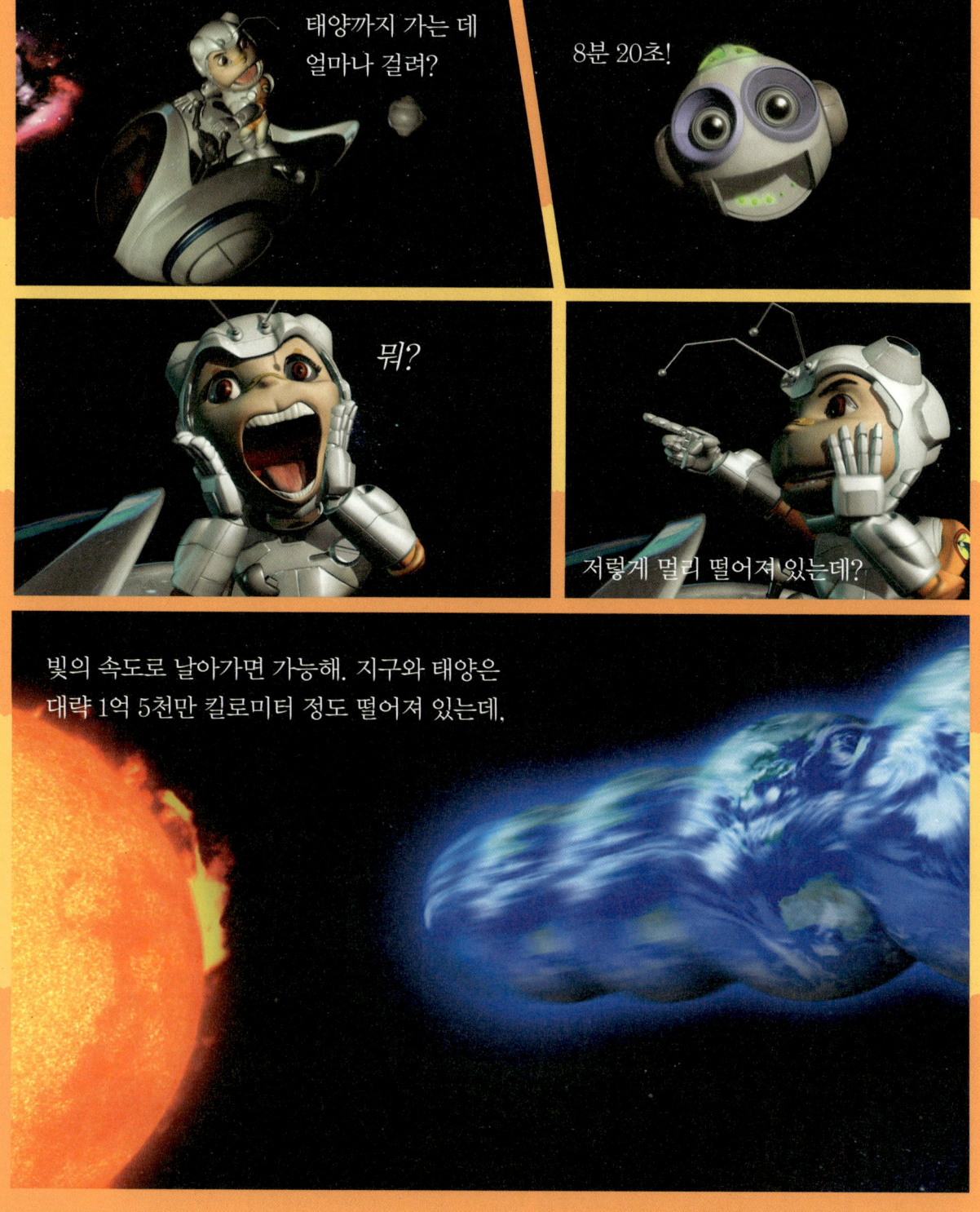

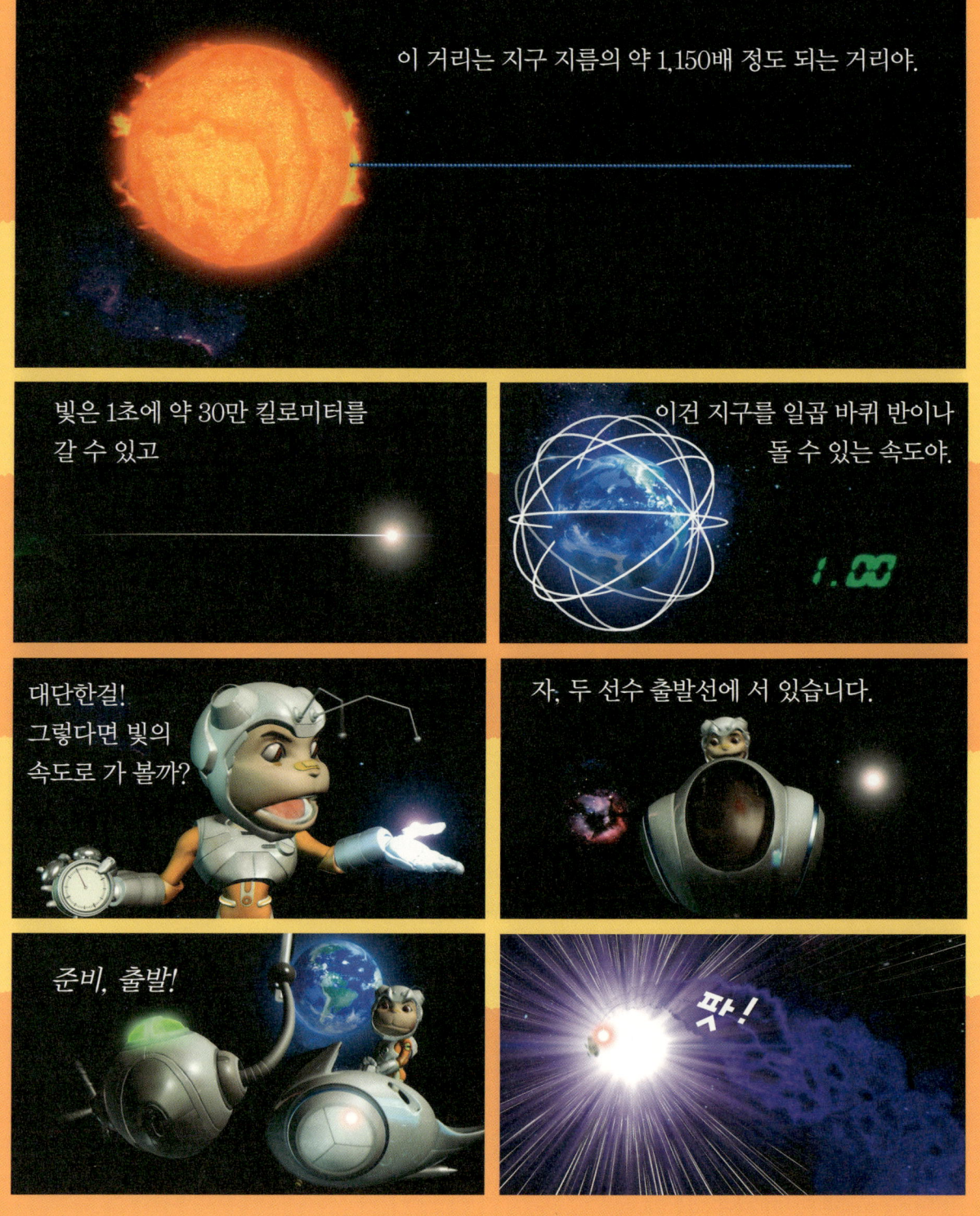

슈웅~!

빛의 속도라면 지구에서 태양까지
8분 20초 만에 갈 수 있어.

08:20:00

그럼 자동차를 타고 가면
얼마나 걸려?

부르릉~

태양의 대기를
다른 말로 뭐라고 부를까?

❶ 홍염 ❷ 광구 ❸ 코로나 ❹ 흑점

❸ 정답

만약 시속 100킬로미터의
자동차로 간다면…

룰루랄라~

털털털털…

끼이익…

다 왔다. 콜록콜록…
170년이나 걸렸네.

으아, 자동차로 갔다간
돌아오지도 못하겠는걸.

레이, 태양은 우리가 생각하는 것보다 훨씬 크고 웅장해.

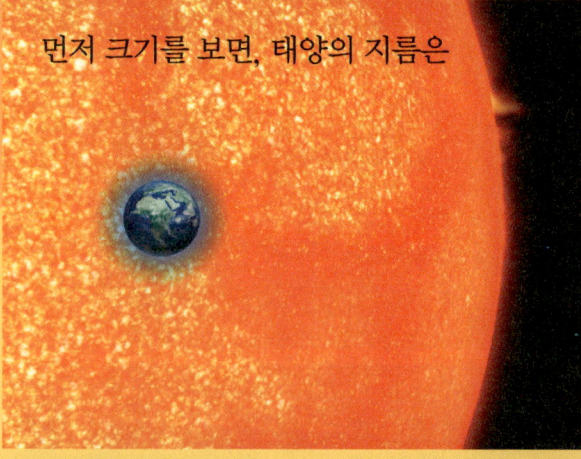

먼저 크기를 보면, 태양의 지름은

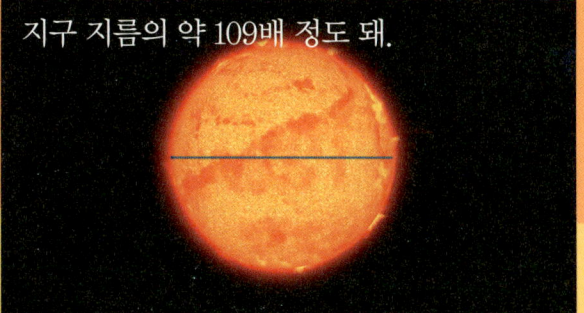

지구 지름의 약 109배 정도 돼.

태양이 화물트럭의 바퀴만 하다면

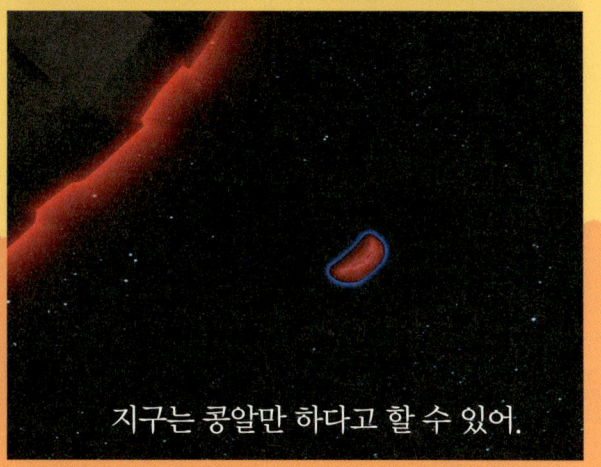

지구는 콩알만 하다고 할 수 있어.

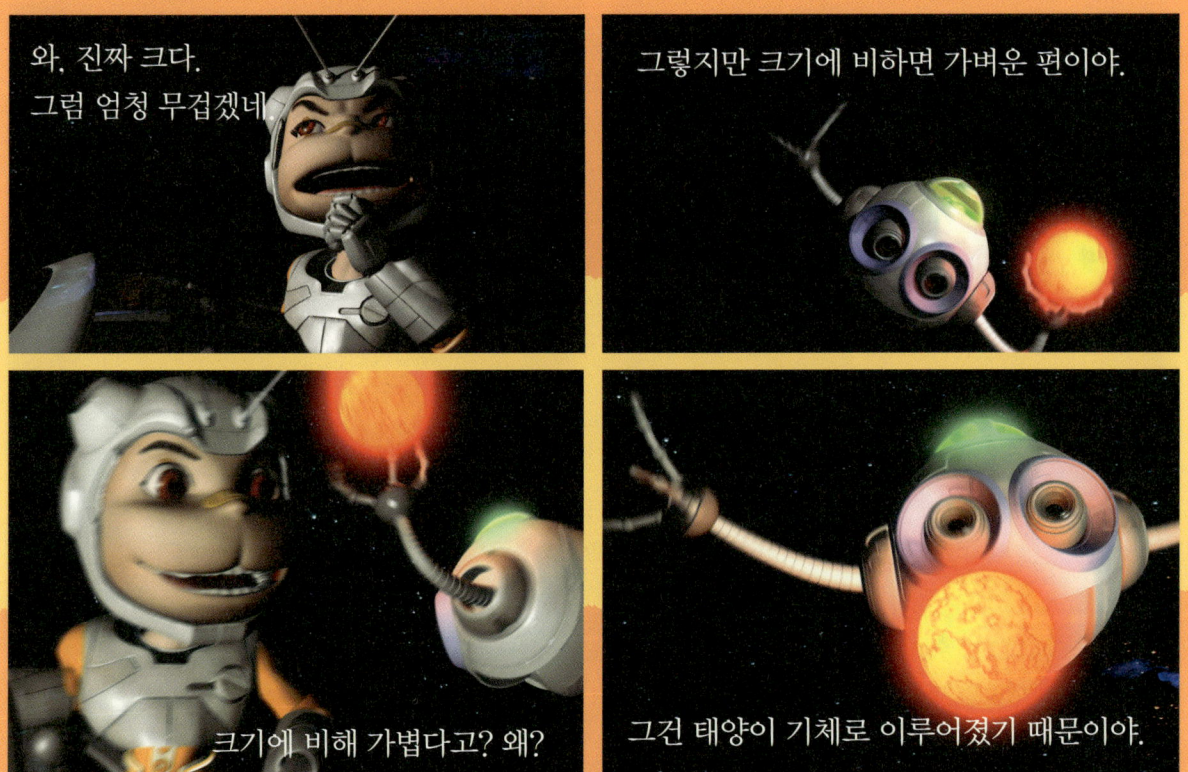

와, 진짜 크다.
그럼 엄청 무겁겠네.

그렇지만 크기에 비하면 가벼운 편이야.

크기에 비해 가볍다고? 왜?

그건 태양이 기체로 이루어졌기 때문이야.

태양은 한마디로 말해서 수소와 헬륨 같은 기체로 이루어진
거대한 공이라고 생각하면 돼.

얍! 훅훅!

어휴, 점점 더워지는 것 같아.

그래, 태양에 도착했어.

대단하다. 엄청나게 뜨거워 보여.

맞아, 태양 표면의 온도는 약 6,000도 정도 돼.
태양의 내부로 들어갈수록 더 뜨거워지지.

저건 태양의 대기 코로나라고 해. 코로나는
보름달 정도의 밝기밖에 안 되기 때문에
평상시엔 태양빛에 가려서 지구에선 볼 수 없어.

하지만 달이 태양을 가리는 개기일식 때는
코로나를 지구에서도 볼 수 있어.

왜 저런 모양이 생기는 거야?

자기장 때문이야. 태양의 자기장을 따라
코로나가 움직이거든.

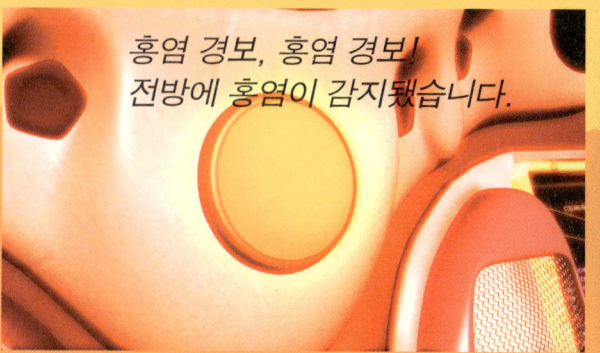

홍염 경보, 홍염 경보!
전방에 홍염이 감지됐습니다.

홍염이 뭔데?

아앗!

홍염은 어마어마한 불기둥이야.

불기둥이
우리한테?

쿠구구

슈우욱!

으아악!

태양은 거대한 기체 공!

태양은 태양계 중심에서 불타고 있는 거대한 기체 공이라고 할 수 있습니다. 태양은 지구에 열과 빛을 공급하지요. 태양에 대해 좀 더 자세히 살펴볼까요?

태양의 질량은 지구 질량의 약 33만 배 정도로 태양계 전체 질량의 98퍼센트를 차지하고 있어요. 또 태양의 지름은 지구의 약 109배인데, 태양이 화물트럭 바퀴라고 한다면 지구는 콩알 정도 되는 것입니다. 부피로 따지면 태양은 지구의 약 130만 배쯤 되지요.

태양은 수소와 헬륨으로 이루어진 기체 덩어리인데요, 이 기체는 보통 기체가 아니라 자기력에 매우 민감한 플라즈마 고체, 액체, 기체에 이어 제4의 물질 상태로서, 기체가 초고온의 열을 받았을 때 기체 원자 속 양이온과 전자가 분리되어 자기력에 민감하게 움직이게 되는 상태 예요. 태양은 태양계에서 가장 크고 표면 온도는 섭씨 6,000도로 엄청나게 뜨거운 상태입니다. 하지만 우주에 있는 별들 전체로 봤을 때 태양은 중간쯤의 크기와 온도를 가진 별에 속해요. 우주에서 가장 큰 별은 지름이 태양의 1,000배나 되는 것도 있어요.

그렇지만 우주 전체로 보면 중간쯤의 크기와 온도를 가진 별이지.

태양은 정말 거대하고 뜨겁구나!

태양 (Sun)

지름 ▶ 지구의 약 109배
질량 ▶ 지구 질량의 약 33만 배
부피 ▶ 지구의 약 130만 배
밀도 ▶ 물의 약 1.4배, 지구 평균 밀도의 약 3분의 1
표면 온도 ▶ 섭씨 6,000도
중심부 온도 ▶ 섭씨 1,500만 도
성분 ▶ 수소 (전체 질량의 약 72퍼센트),
헬륨 (전체 질량의 26퍼센트)

태양에 가려면 얼마나 걸릴까?

지구에서 태양까지의 거리는 1억 5,000만 킬로미터 정도 됩니다. 그럼 이렇게 먼 태양까지 가는 데에는 시간이 얼마나 걸릴까요?

빛의 속도인 초속 30만 킬로미터로 달리면 8분 20초 정도 걸려요. 다시 말해, 지구에서 보는 태양은 8분 20초 전의 모습이랍니다. 태양과 지구 사이의 거리는 지구 지름의 약 1,150배 정도 되는 거리인데, 걸어서 간다면 대략 4,000년, 시속 300킬로미터의 고

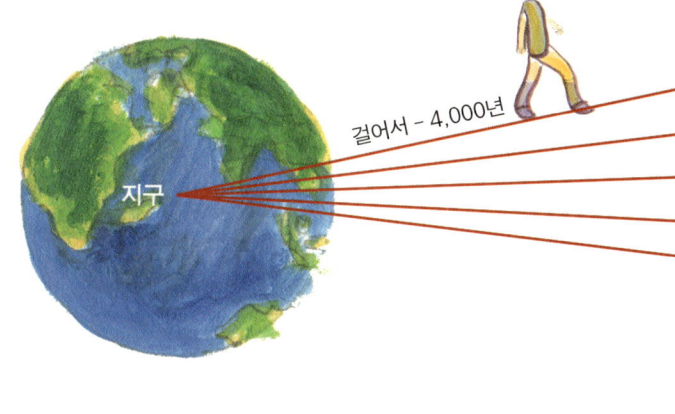

걸어서 - 4,000년

지구

속열차를 타고 가면 60년, 소리의 속도로 가면 14년 5개월, 초속 7킬로미터의 로켓을 타면 250일이 걸리죠. <mark>태양과 지구 사이의 거리를 1천문단위</mark>라고 하는데, 태양계 내에서의 거리를 나타낼 때 사용합니다.

태양의 온도와 무게

태양은 표면 온도가 섭씨 6,000도입니다. 철이 녹는 온도가 섭씨 1,500도 정도이니 정말 높은 온도죠? 이 정도의 온도에서는 모든 물질이 기체로만 존재해요. 물도 가열해서 끓이다 보면 모두 수증기가 되어 날아가 버리죠? 지구에 있는 철이나 금 같은 물질들도 태양에 갖다 놓으면 순식간에 기체가 되어 버린답니다.

92

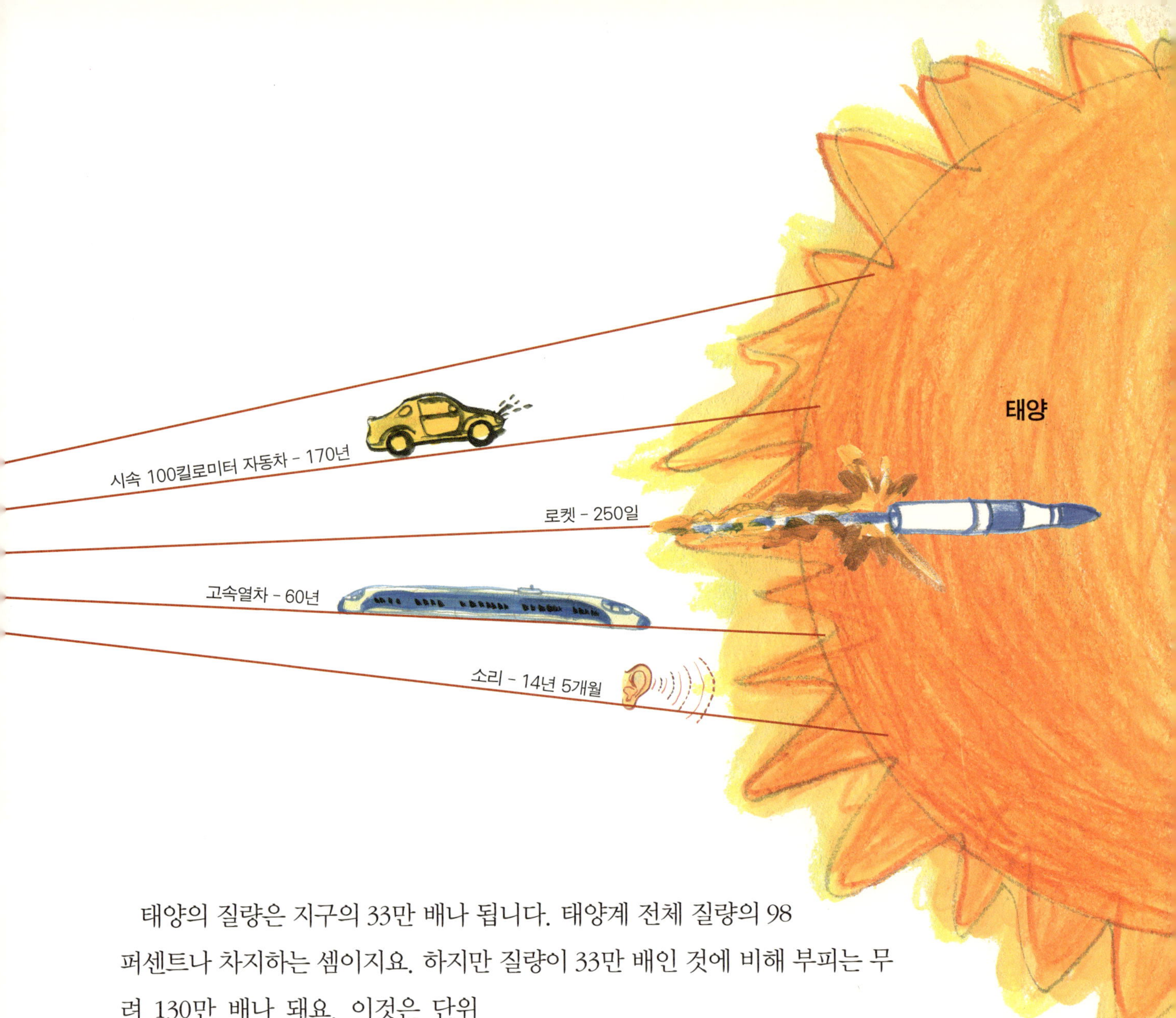

태양

시속 100킬로미터 자동차 – 170년

로켓 – 250일

고속열차 – 60년

소리 – 14년 5개월

태양의 질량은 지구의 33만 배나 됩니다. 태양계 전체 질량의 98 퍼센트나 차지하는 셈이지요. 하지만 질량이 33만 배인 것에 비해 부피는 무려 130만 배나 돼요. 이것은 단위 부피당 질량은 지구가 훨씬 크다는 것을 의미합니다. 이유는 뭘까요? 바로 태양이 기체이기 때문이죠.

지구는 암석, 금속 등으로 이루어진 단단한 행성인 데 반해, 태양은 수소와 헬륨이 뭉쳐진 기체 덩어리이기 때문에 단위 부피당 질량은 지구가 더 크답니다.

지구 　 태양

태양의 한 조각, 지구의 한 조각을
양팔저울에 올려놓으면 지구 쪽으로 기울어진다.

태양의 대기, 코로나

태양도 지구처럼 대기가 있답니다. 태양의 대기를 코로나라고 하지요. 코로나는 태양의 활동에 따라 아름답게 변해요. 코로나의 밝기는 지구에서 봤을 때 보름달 정도 수준이에요. 하지만 코로나의 온도는 태양 표면보다 약 300배나 더 높답니다. 보통 불에서 멀어질수록 온도가 낮아지기 마련이죠? 그런데 태양 표면에서 먼 태양 대기의 온도가 300배씩이나 높다니 정말 신기한 일이에요. 과학자들은 코로나의 신비한 현상에 대해 연구하고 있대요.

달의 그림자가 태양을 완전히 가리는 개기일식 때 태양의 대기인 코로나를 눈으로 관찰할 수 있다.

태양   달   지구

개기일식 때는 지구에서도 코로나를 볼 수 있어요. 태양은 달보다 훨씬 크지만 워낙 멀리 떨어져 있어서 지구에서 봤을 땐 크기가 비슷해요. 그래서 태양, 달, 지구가 일렬로 배열됐을 때 달의 그림자가 지구에 떨어져 그림자에 속한 지역에서는 달이 태양을 가리게 되죠. 이것이 일식이에요.

개기일식 때 보이는 코로나의 모습

94

태양은 워낙 밝아서 보통 때에는 태양 표면에서 일어나는 일을 볼 수 없어요. 하지만 일식으로 인해 태양의 몸통 부분이 달에 완전히 가려지면 태양 표면 위로 치솟는 코로나 등 태양 표면에서 일어나는 일들을 정확히 볼 수 있답니다.

와! 태양 표면에서 엄청난 폭발이 일어났군!

태양 표면은 여기저기에서 큰 폭발이 일어나고 상상을 초월하는 높이의 불꽃이 치솟아 오르는 곳이에요. 이렇게 태양의 표면은 격렬하게 요동치고 있답니다. 레이와 쿠스의 우주선에 일격을 가한 것은 홍염이라고 하는 불꽃이에요. 홍염은 태양 표면에서 대기층으로 수만 혹은 수십만 킬로미터나 치솟는 거대한 기체 구름이지요. 분출 속도는 초속 600킬로미터, 온도는 1만 도 정도입니다.

6 지구의 엄마, 태양 ❷

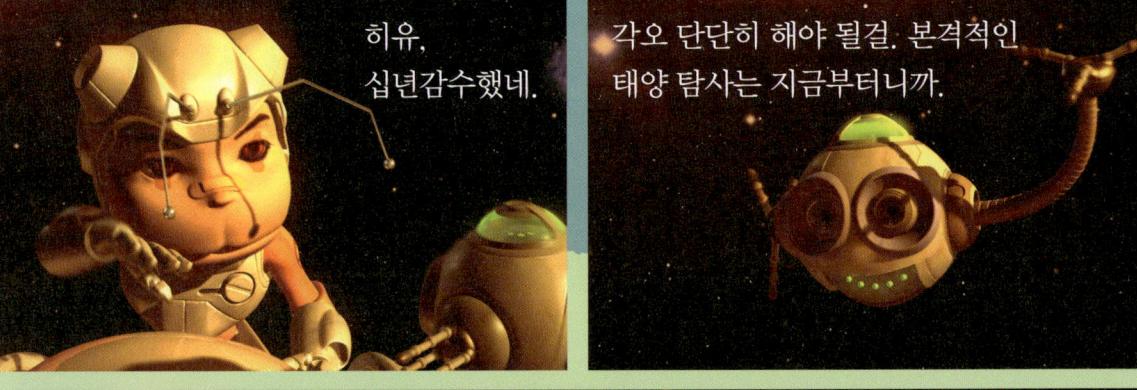

히유,
십년감수했네.

각오 단단히 해야 될걸. 본격적인
태양 탐사는 지금부터니까.

쿠스, 그런데 태양 표면이
왜 저런 모양이야?

태양 에너지는 마치 물이
끓는 것과 비슷한 방식으로 전달돼.

물이 끓으면 뜨거운 물은 위로 올라가고
차가운 물은 아래로 내려가서 빙글빙글
돌게 되지.

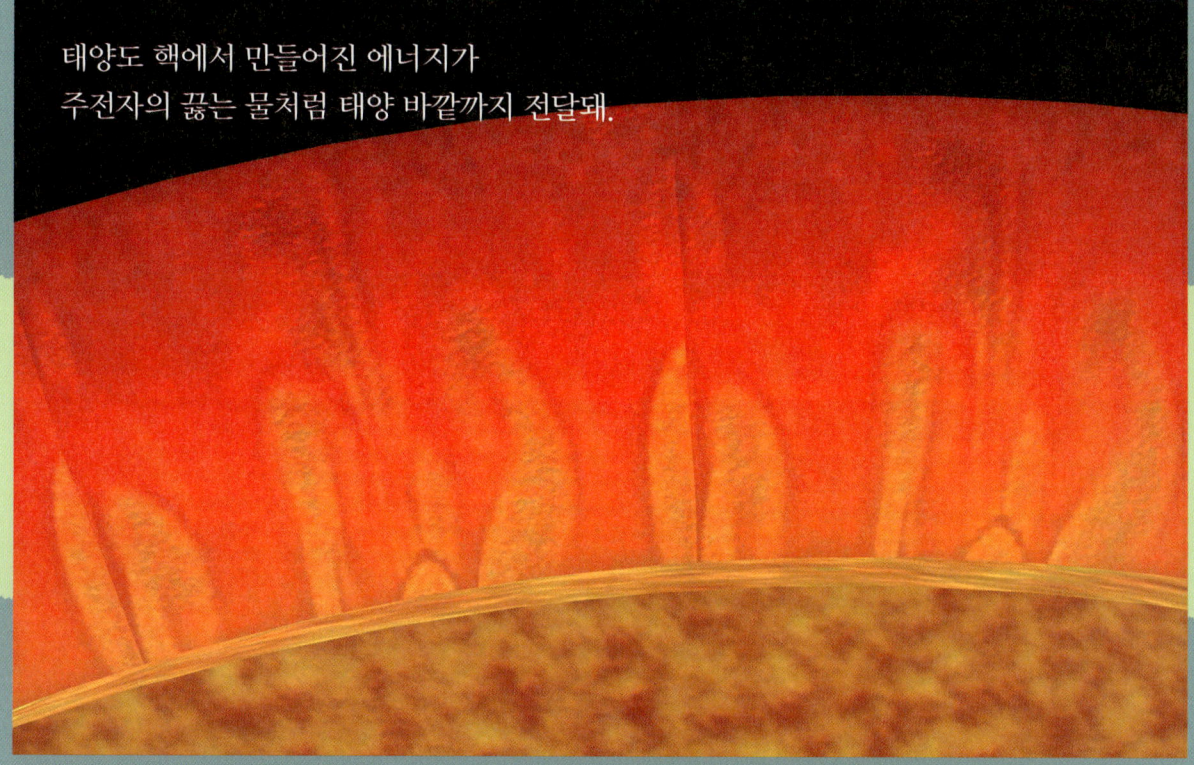

태양도 핵에서 만들어진 에너지가
주전자의 끓는 물처럼 태양 바깥까지 전달돼.

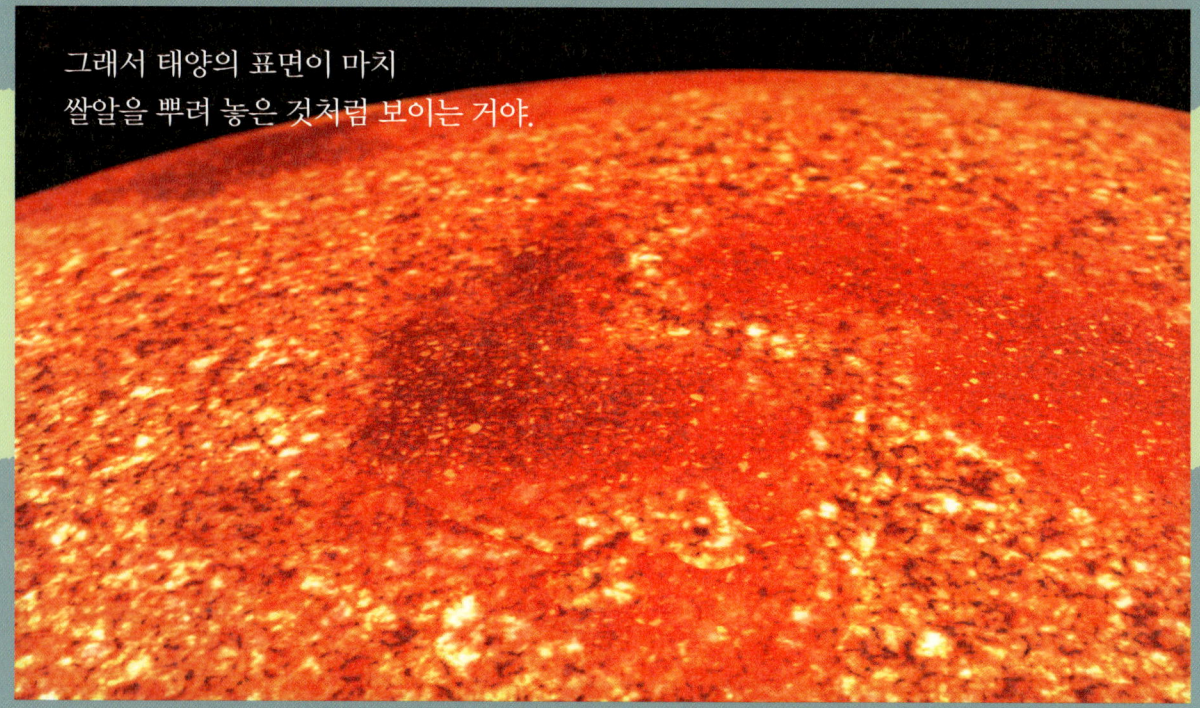

그래서 태양의 표면이 마치
쌀알을 뿌려 놓은 것처럼 보이는 거야.

그럼, 저기 앞에 보이는 시커먼 것들은 또 뭐야?

저건 흑점이라고 해. 흑점은 보통 태양의 다른 표면보다 온도가 낮아. 그래서 상대적으로 어둡게 보여.

흑점은 온도는 낮지만 강한 에너지를 가지고 있어. 그래서 폭발이 일어나기도 해.

어? 저건…?

으아아~

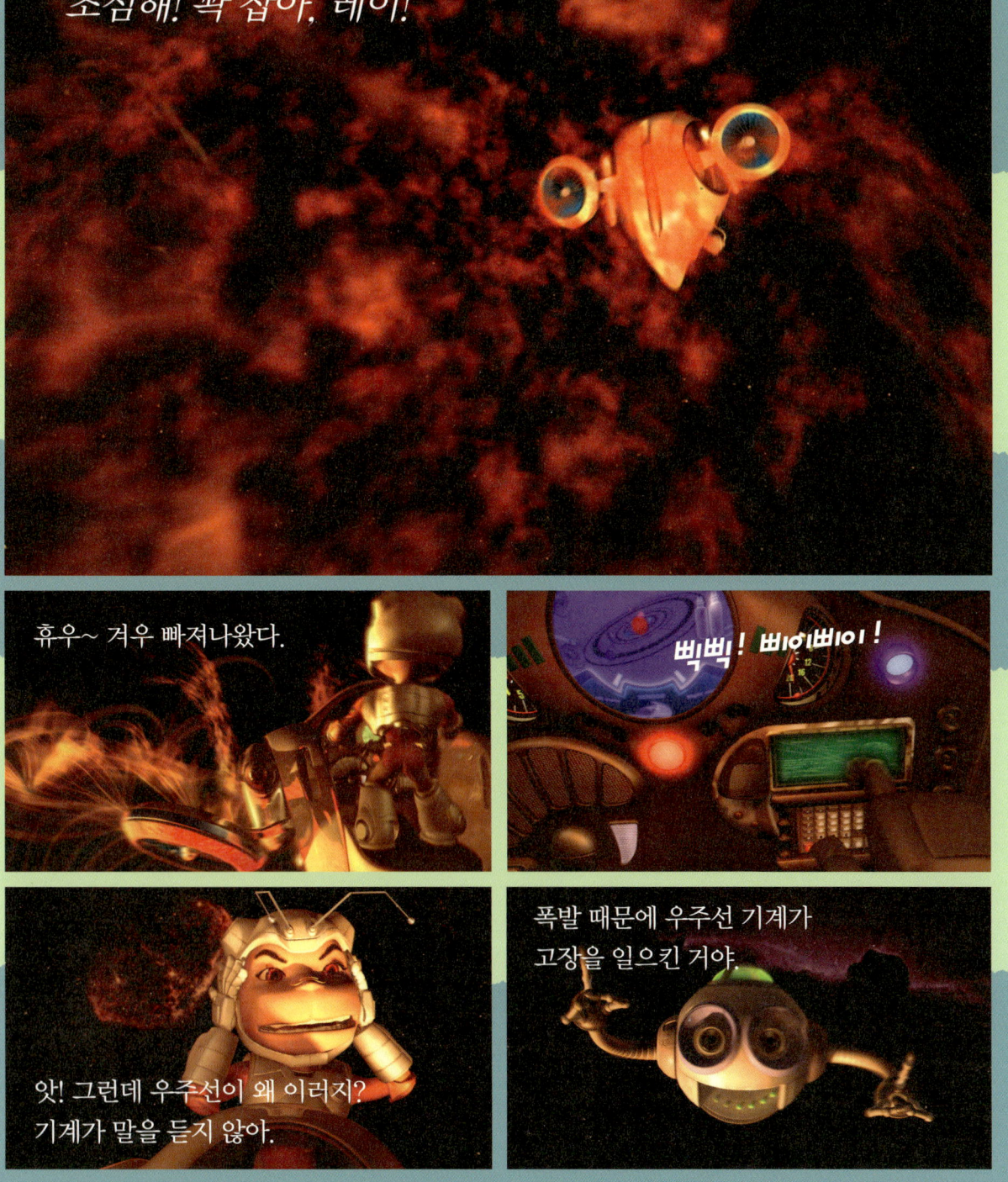

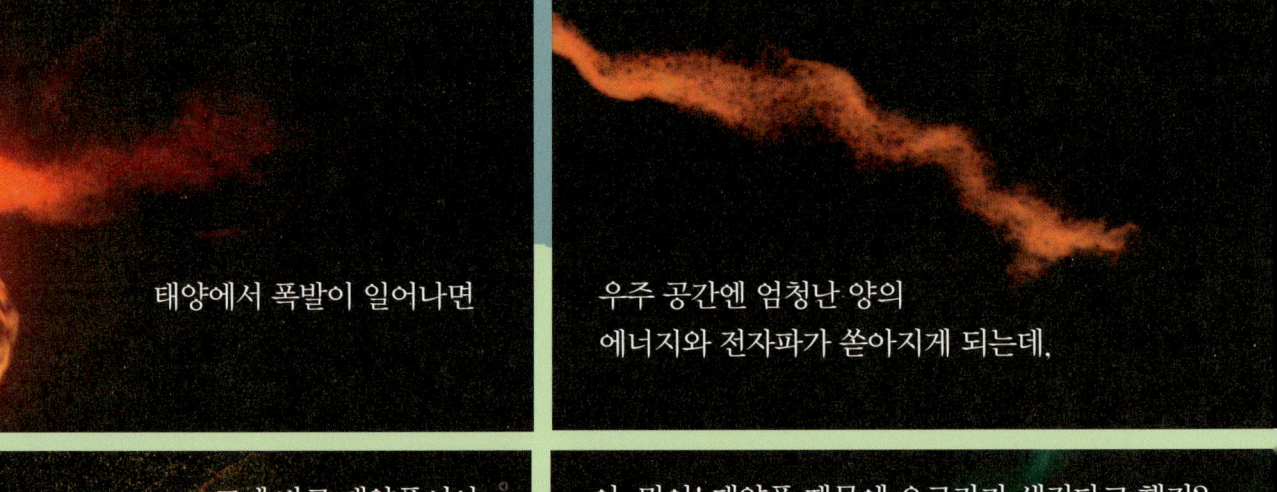

태양에서 폭발이 일어나면

우주 공간엔 엄청난 양의
에너지와 전자파가 쏟아지게 되는데,

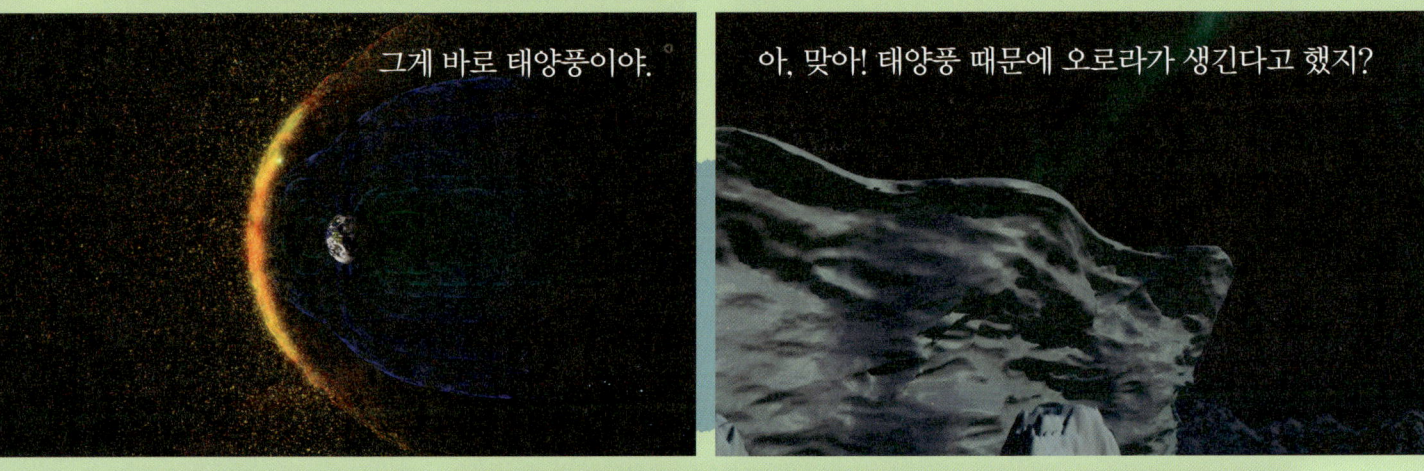

그게 바로 태양풍이야.

아, 맞아! 태양풍 때문에 오로라가 생긴다고 했지?

그래. 태양풍이 지구 자기장에
강력한 영향을 미쳐서 극지방에
오로라가 생겨.

레이, 우리 이럴 게 아니라
태양 내부를 직접 탐사해 보자!

자, 우주선이 이제 말을 듣네.

삑! 삑!

간다!

여긴 빛이 나오는 곳, 광구라고 해.
태양 겉면을 둘러싸고 있는 아주 얇은 막이지.

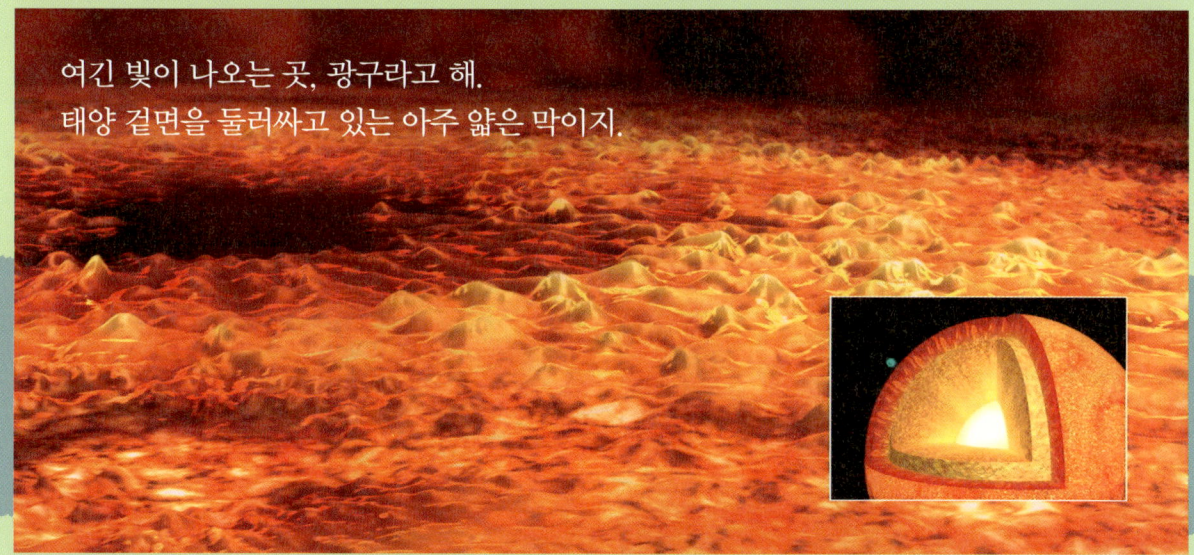

광구를 지나면 대류층이야.

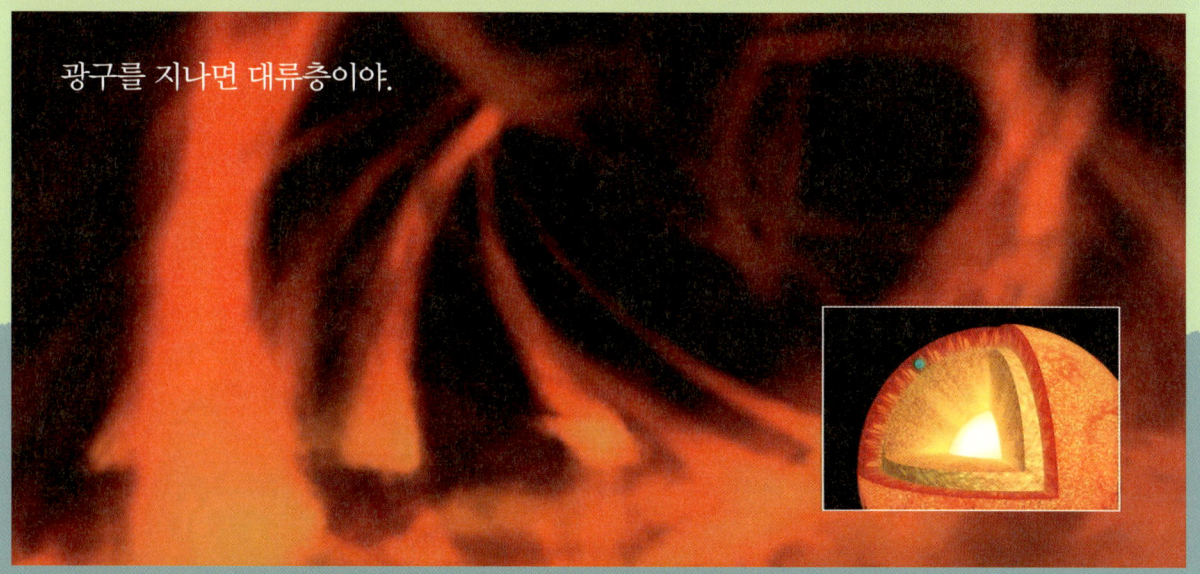

태양의 물질들이 끓고 있고, 현재 온도는 6,000도!

다음은 복사층으로 빛이 직접 열을 전달하는 곳이야.

자, 이제 드디어 태양의 핵이야.

현재 온도는 1,500만 도!

압력도 엄청나게 높아.

이런 초고온, 초고압 상태에서는 수소원자 네 개가 뭉쳐서 헬륨원자 하나로 변하는 현상이 일어나. 이게 바로 핵융합이야.

그러니까 태양이 엄청난 에너지를 뿜어내는 비결은 바로 핵융합이었네.

그래. 태양 중심부에서는 매 초마다 약 400만 톤의 질량이 에너지로 바뀌고 있어. 그러니까 1초가 지날 때마다 400만 톤씩 사라지는 셈이지.

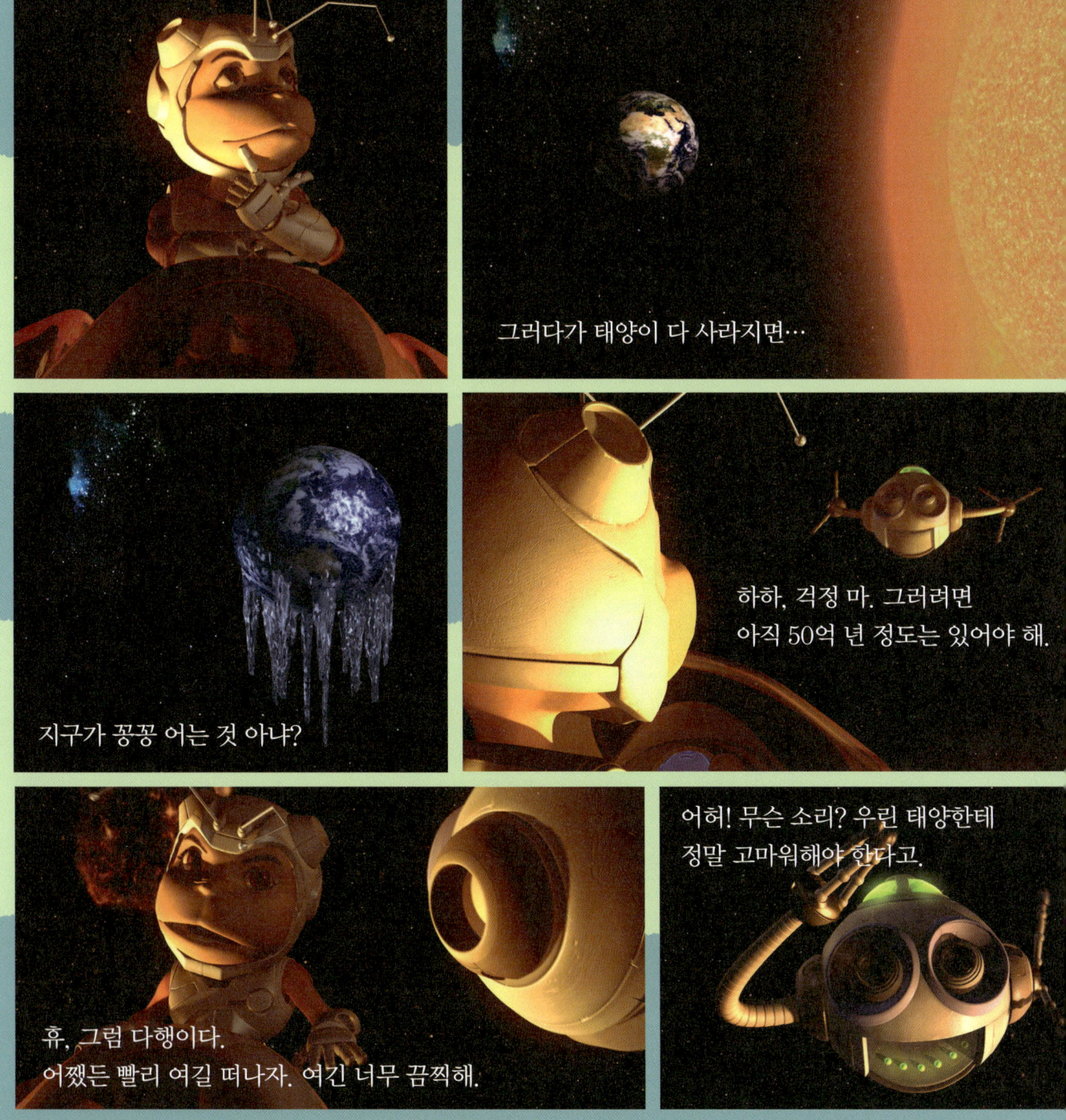

지구에 사는 식물들은 태양빛을 받아서 자라고,
동물들은 그 식물들을 먹고 살아.

그러니까 우리 모두는 태양 에너지를 먹고 산다고 할 수 있어.
태양이야말로 생명의 근원이라고.

자, 그럼 태양 탐사를 이쯤에서 마치고
다음 목적지 수성으로 가 볼까?

좋아, 출발~

태양 엄마, 안녕!

태양 표면에서 폭발이 일어나는 이유?

태양 표면에서 폭발이 일어나는 장소는 바로 흑점이 있는 곳이에요. 주변보다 온도가 낮아 어둡게 보이기 때문에 흑점이라고 부르는데, 흑점은 비록 온도는 낮지만 강한 에너지를 가지고 있어서 폭발이 일어나요.

태양은 거대하고 강력한 자석이라고 할 수 있습니다. 그런데 태양은 기체로 이루어져 있기 때문에 자전하는 속도가 적도에서 다르고 고위도 지역에서 다르지요. 또 태양의 내부가 태양의 외부보다 더 빨리 돈답니다. 이렇게 지역마다 깊이마다 속도가 다르다 보니 태양의 자기장은 지구처럼 일정한 형태를 유지하지 못하고 여기저기 꼬이게 돼요. <mark>흑점은 이렇게 태양의 자기장이 꼬여 있는 곳이에요.</mark> 자기장이 꼬임에 따라 자기장을 따라 흐르는 태양 물질의 흐름도 꼬여 주변보다 온도가 낮아지지요. 온도는 낮지만 흑점 안에는 엄청난 태양의 자기에너지가 고여 있어요.

나는 지역마다 깊이마다 자전하는 속도가 달라!

흑점 내부에 고여 있던 자기에너지가 일정 수준을 넘어서면 그땐 더 이상 견디지 못하고 폭발해 버립니다. 태양의 폭발 현상은 흑점 내부의 자기에너지가 운동에너지로 바뀌는 현상이지요. 태양의 흑점 하나는 대개 지구보다 훨씬 크고 흑점 내부의 자기에너지는 지구 자기장의 3,000배가 넘어요. 그래서 폭발할 땐 뜨거운 태양 물질 10조 킬로그램을 초속 1,000킬로미터의 속도로 내뿜는답니다. 이렇게 어마어마한 폭발이 일어나면 그 열과 물질은 태양계 공간 전체로 퍼져나가지요. 이 현상을 태양풍이라고 합니다.

하지만 이렇게 무시무시한 태양풍이 불더라도 지구에 사는 우리는 안전해요. 지구 자기장이 태양풍으로 불어오는 전기 입자들을 거의 방전시켜 주기 때문이지요. 하지만 그 중에 미처 방전되지 못한 소량의 입자들이 지구 극지방에서 관측되는데, 그것이 바로 신비한 오로라랍니다.

오로라는 주로 극지방에서 관측되는데,
다양하고 아름다운 색채를 띤다.

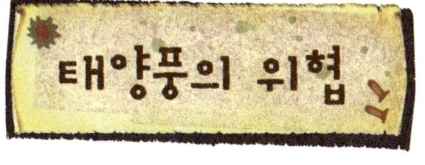

태양풍의 위협

태양풍이 아름다운 오로라만 만드는 건 아니에요. 태양풍은 심각한 피해를 주기도 하지요. 특히 오늘날처럼 위성 통신, 방송 등이 발달한 때는 말이에요. 태양풍은 지구 상공에 떠 있는 인공위성, 우주 공간에서 작업하는 우주인에게 큰 위협입니다. 인공위성이 고장 나면 지구에서는 핸드폰과 같은 통신기기가 두절될 수도 있고, 위성 방송이 중단될 수도 있죠. 또 극지방을 운항하는 여객기를 고장 낼 수도 있고 발전소를 공격해 도시 전체를 암흑에 빠뜨릴 수도 있어요.

실제로 1989년 3월 캐나다 퀘벡 주에서는 갑자기 송전 시설이 고장 나 여섯 시간 동안 정전이 된 사례가 있었어요. 미 항공우주국 나사에서도 2003년 오디세이호가 태양풍을 맞아 고장이 났었고, 같은 시기 우리나라 위성들도 자세가 흐트러져 연구원들이 이를 바로잡느라 진땀을 뺐다고 해요.

이 태양풍은 명왕성 너머까지 분다는 사실! 정확히 어디까지 영향을 미치는지는 계속해서 연구 중이지요. 태양풍이 부는 영역을 태양권이라고 한답니다.

> 핸드폰이 불통이네. 혹시 태양풍 때문인가?

110

태양 속으로 들어가 보자!

태양의 내부는 어떻게 생겼을까요? 지금부터 레이와 함께 태양 속으로 들어가 볼까요? 태양의 맨 겉껍질은 광구라고 합니다. 우리가 보는 태양의 빛은 바로 이 광구에서 나오지요. 광구는 두께가 약 500킬로미터 정도인데요, 태양을 볼링공만 하다고 한다면 광구는 휴지 한 장보다 더 얇다고 할 수 있죠. 광구에는 쌀알을 뿌려 놓은 듯한 무늬를 볼 수 있어요. 이 쌀알 무늬가 생기는 이유는 광구 바로 아래 대류층이 있기 때문이에요.

태양의 대류층에서는 태양의 핵에서 만들어진 빛과 에너지가 마치 물이 끓는 것과 비슷한 방식으로 전달됩니다. 기체 덩어리가 윗면에 도착하면 바로 밑에서 올라오는 더 많은 기체와 압력 때문에 사방으로 퍼져나가고, 가져온 기체는 식어서 아래로 가라앉고 나중에 또 가열되는 것이죠. 대류층 맨 아래의 기체가 대류층 맨 위로 올라가는 데에는 약 일주일의 시간이 걸린다고 해요.

태양의 대류층에서 더 아래로 내려가면 복사층이 나와요. 복사층은 태양 반지름의 70퍼센트까지 뻗어 있습니다. 이름대로

태양의 단면도

태양의 핵에서 만들어진 에너지가 복사 형태로 이동하는 지역이죠. 이곳은 밀도가 높은 기체 상태인데, 광자라 불리는 아주 작은 에너지 단위가 복사대를 지나면서 에너지를 전달해요.

자, 이제 드디어 태양의 핵에 왔습니다. ==태양의 핵은 우리 태양계의 엔진==이라 할 수 있죠. 핵은 중심 밀도가 납의 15배 정도이고 온도는 섭씨 1,500만 도입니다. 핵은 태양 전체 부피의 2퍼센트에 지나지 않지만 질량은 절반 정도 차지하니 얼마나 압축되어 있는지 상상이 가죠?

이러한 초고온, 초고압의 상태에서 바로 수소가 헬륨으로 변하는 ==핵융합 현상==이 일어 난답니다. 수소 네 개가 융합하여 헬륨 하나로 변하는 순간 질량이 조금 줄어드는데, 이 줄어드는 질량이 바로 빛과 열에너지로 전환되는 것이죠. 이것이 바로 아인슈타인의 유명한 공식 $E=mc^2$이에요. 질량이 에너지로 전환되면 광속의 제곱으로 엄청나게 늘어난다는 의미랍니다.

이렇게 태양이 엄청난 에너지를 생산하는 덕택에 지구에서는 식물이 자라고 동물이 번식하고 생태계가 유지되고 있어요. 우리 모두 태양에게 감사합시다!

7 수성과 금성

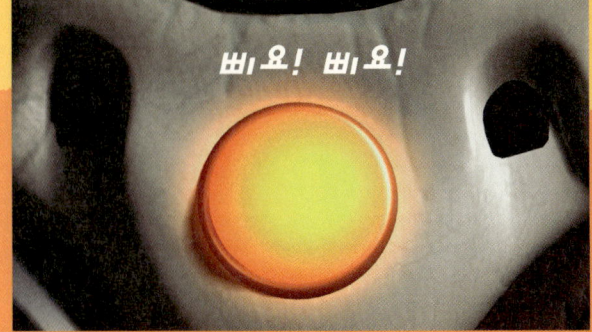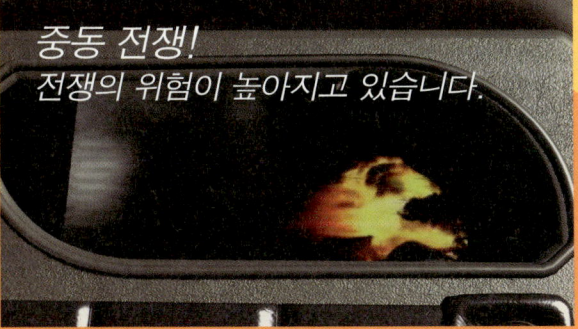

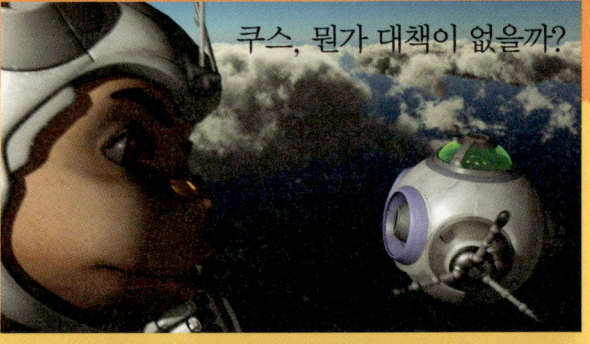

삑삑!

우리가 직접 조사해 보지 뭐.

옳지. 제일 먼저 수성부터 가 보자.

자, 출발!

슈우우욱!

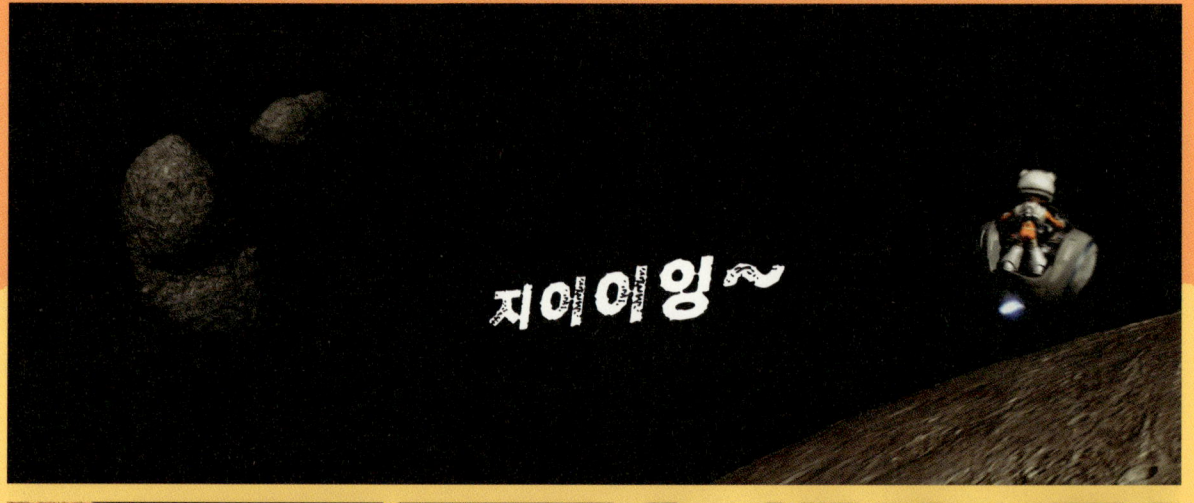

후욱~

헉~ 숨을
쉴 수도 없고.

레이, 저기 달과 지구가 있잖아. 여기 수성 맞아!

어! 정말! 그런데 태양이 굉장히 크다.

수성이 태양과 제일 가까이 있어서 그래.

수성의 온도는 낮엔 430도까지 올라가고, 밤엔 영하 170도까지 떨어져.

아마 태양계에서 낮과 밤의 기온 차이가 제일 클 거야.

그럼 온도 때문에 수성에서는 도저히 인간들이 살 수 없겠네.

아쉽다. 어쨌거나 빨리 밤이 와서 좀 시원해졌으면 좋겠다.

밤이 되려면 아직 멀었는데…

수성은 한 번 자전하는 데
지구 시간으로 58일이나 걸려.

58

그렇지만 공전하는 데는
88일밖에 안 걸려서
수성에서는 하루와
일 년이 큰 차이가 없어.

88

수성의 하루는 너무 지루하겠다!

금성은 더 놀라운걸.

금성은 태양 주위를 도는 데
225일이 걸리지만

225

한 번 자전하는 데는 243일이나 걸려.

243

하루가 일 년보다 긴 셈이지.

하루가 일 년보다 더 길다고? 정말?

우리 얼른 금성으로
가 보자, 쿠스!

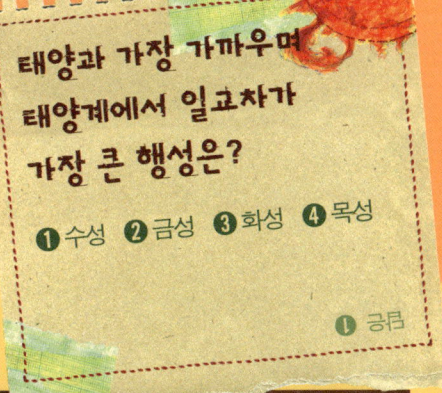

태양과 가장 가까우며
태양계에서 일교차가
가장 큰 행성은?

❶수성 ❷금성 ❸화성 ❹목성

❶ 금성

금성의 대기권 안으로 진입했어!

으으윽, 엄청난 바람이다!

금성에는 하늘 전체를 뒤덮는 거대한 황산 구름층이 있어.

저 구름층 때문에 지구에선 금성 표면이
전혀 보이지 않아.

하나, 둘!
자, 슬슬 가 볼까?

으악!
팔랑팔랑~

납작~

금성은 엄청나게 **빽빽한** 대기층을 가지고 있어.

끄응, 아이고…

그래서 금성 지표면에 서 있는 건 지구에서 100톤 정도 짐을 지고 있는 것과 같아. 상상이 되니?

어휴, 사람은 여기서 도저히 살 수 없겠다.

쿠스! 다음 행성은 어디야?

화성이야! 레이,
아직 너무 실망하지 말라고.

자, 다음 행성 화성으로 출발!

슈우웅~

달과 닮은꼴, 수성

태양에서 가장 가까운 행성인 수성! 수성과 태양 사이의 거리는 지구와 태양 사이 거리의 3분의 1밖에 안 돼요. 또 수성은 작은 편이라 지구 지름의 약 40퍼센트에 지나지 않죠.

만약 여러분이 수성에 간다면 "어? 여긴 달이잖아?" 할지도 몰라요. 레이가 그랬던 것처럼 말이죠. 수성도 달과 마찬가지로 수없이 많은 분화구로 뒤덮여 있어요. 수성과 달의 공통점은 대기, 화산, 물이 없다는 것이에요. 하지만 수성의 분화구 속 태양빛이 닿지 않는 곳에는 얼음이 있을 거라 추측하고 있어요. 과거 수성에 충돌한 소행성이나 혜성 속에 작은 양이지만 얼음이 있었을 거라 보기 때문이죠.

수성, 머큐리 (Mercury)
질량 ▶ 33×10²²킬로그램
(지구 질량의 0.055배)
지름 ▶ 4879킬로미터 (지구 지름의 0.38배)
표면 중력 ▶ 0.38그램 (달의 약 2배)
낮 최고 기온 ▶ 섭씨 430도
밤 최저 기온 ▶ 영하 170도
자전 주기 ▶ 58일
공전 주기 ▶ 88일

수성에 가면 나이가 네 배?

달의 표면이 잿빛인데 반해 수성의 표면은 불그스름한 빛을 띱니다. 왜냐하면 수성엔 철이 아주 많기 때문이지요. 수성은 금속 함량이 아주 높아 지구보다 훨씬 단단한 행성이랍니다. 수성은 밀도가 가장 높은 물질만 응축할 수 있는 태양 부근에서 형성됐거든요. 다른 물질이었다면 아마 다 녹아 버렸을지도 몰라요. 만약 수성과 지구를 같은 양만큼 떼어내서 양팔저울 위에 올려놓는다면 수성이 훨씬 무거울 거예요.

수성은 태양계에서 일교차가 가장 큰 행성이에요. 한낮엔 온도가 섭씨 430도까지 올라가고 밤에는 영하 170도까지 떨어지죠. 태양과 아주 가까운 데다가 낮과 밤이 바뀌는 데 지구 시간으로 58일이나 걸려서 그래요. 하지만 수성이 태양을 한 바퀴 도는 데 걸리는 시간은 불과 88일 정도이므로 하루와 일 년이 큰 차이가 없어요. 하루하고 반나절이 지나면 일 년이 가 버리니 수성에 산다면 나이를 너무 빨리 먹을 거예요.

비너스처럼 아름다운 금성

　　태양과 두 번째로 가까운 행성은 금성입니다. 지구에서 바라본 금성은 그리스 신화 속 미의 여신 비너스라 불릴 만큼 매우 아름다운 행성이죠.

　　1609년에 이탈리아의 과학자 갈릴레오 갈릴레이가 금성이 태양 주위를 돌고 있다는 사실을 밝혀낸 이후 최근까지 금성에 대해 알아낸 바가 거의 없었어요. 왜냐하면 금성은 워낙 두꺼운 구름에 뒤덮여 있어서 지표면을 볼 수 없었기 때문이죠. 그래서 불과 수십 년 전만 하더라도 과학자들은 금성의 지표면은 모두 늪일 것이라는 둥, 거대한 바다

금성, 비너스 (Venus)
질량 ▶ 4.87×10^{24}킬로그램
(지구 질량의 82퍼센트 정도)
지름 ▶ 12,104킬로미터
(지구 지름의 95퍼센트 정도)
표면 중력 ▶ 0.9그램
표면 온도 ▶ 섭씨 462도
자전 주기 ▶ 243일
공전 주기 ▶ 225일

태양계 최고의 아름다움을 가진 금성을 내 이름을 따서 비너스라 부르리라.

가 있을 것이라는 둥, 바다는 탄산수일 것이라는 둥 여러 가지 엉뚱한 예측을 했었죠.

금성의 실체가 밝혀진 것은 1970년 소련의 무인 탐색선 베네라 7호가 금성 표면에 착륙하면서부터입니다. 하지만 금성이 생각했던 것보다 너무 뜨거워 착륙한 지 30분 만에 통신이 두절되고 말았죠. 이후 계속해서 탐색선을 보내 연구한 결과, 금성에 늪이나 탄산수 바다 같은 것은 없다는 걸 알게 됐어요.

금성의 구름은 농축 황산으로 이뤄져 있어요. 이 황산 구름이 금성 전체를 빽빽하게 뒤덮고 있어서 태양빛을 노란색으로 반사시키기 때문에 지구에서는 금빛으로 빛나 보여요. 게다가 이 구름은 시속 350킬로미터의 속도로 움직이고 있는데 과학자들은 처음 이 구름의 움직임을 보고 금성이 아주 빠르게 자전하는 줄 알았대요. 하지만 실제 금성의 자전 주기는 243일로 매우 느렸죠. 또 공전 주기는 225일이라 하루가 일 년보다 길어요. 금성은 자전 방향이 지구와 반대라 태양이 서쪽에서 떠서 동쪽으로 진답니다.

아름다운 금성의 진짜 모습

금성은 크기나 질량, 밀도가 지구와 거의 비슷해요. 금성과 지구는 중력도 비슷하고 금성엔 대기층도 있어요.

그러나 지구가 천국이라면 금성은 지옥이죠. 금성의 표면 온도는 섭씨 462도, 대기는 순도가 아주 높은 독가스인 이산화탄소로 이뤄져 있어요. 뿐만 아니라 금성의 대기는 지구의 대기보다 밀도가 엄청나게 높아서 ==지구 대기압의 무려 92배==나 된답니다. 금성 표면에 서 있는 것은 마치 지구에서 900미터 깊이의 호수 바닥에 서 있는 것과 같아요. 스쿠버다이버들이 잠수하는 한계가 40미터 정도래요. 그 이하로 내려가면 생명에 위협을 받거든요. 그러니 900미터 호수 바닥의 압력은 어마어마하겠죠? 지구에 있는 어떤 물체든 금성 표면에 갖다 놓는 순간 바짝 짜부라져 순식간에 타버리고 말 거예요.

누가 금성이 나랑 비슷하댔어?

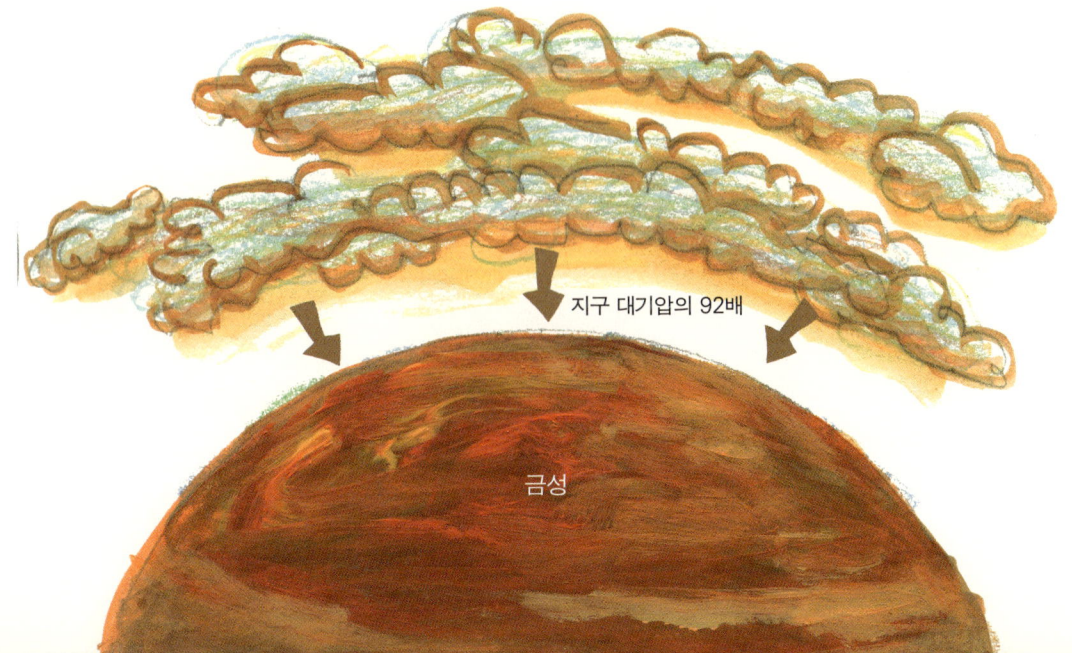

지구 대기압의 92배

금성

132

금성 표면은 왜 이렇게 뜨거운 걸까요? 그 이유는 바로 이산화탄소 때문입니다. 지구의 대기에도 아주 적은 양의 이산화탄소가 있어요. 이산화탄소는 열에너지를 잘 흡수해요. 그래서 아주 적은 양이지만 이산화탄소는 지구 대기를 따뜻하게 유지해 주지요. 현재 지구에서는 대기 오염 탓에 대기에 이산화탄소 함량이 높아져 지구 온난화 현상이 일어나고 있어요. 이산화탄소가 조금만 많아져도 지구의 기후가 더워지는데 ==순도 높은 이산화탄소가 빽빽한 금성==은 얼마나 뜨겁겠어요?

이산화탄소는 물에 녹아요. 큰 바다가 대기에 있는 이산화탄소를 제거하는 역할을 하기 때문에 지구는 금성만큼 뜨거워지지 않는답니다. 하지만 금성은 너무나 뜨거워서 물이 액체로 존재하지 못하고 모두 수증기로만 존재해요. 따라서 바다가 없는 금성에서는 이산화탄소가 그대로 남아 태양으로부터 오는 열을 계속 가둬 두는 악순환에 빠진 거죠. 과학자들은 지구와 태양의 거리가 5퍼센트만 가까웠다고 해도 지구는 금성처럼 됐을 거라고 해요.

태양으로부터 오는 열을 계속 흡수하는 금성은 통제불능의 온실과 같다.

난 뜨거운 게 좋아~

8 제2의 지구, 화성

레이, 이제 곧 화성에 도착할 거야.

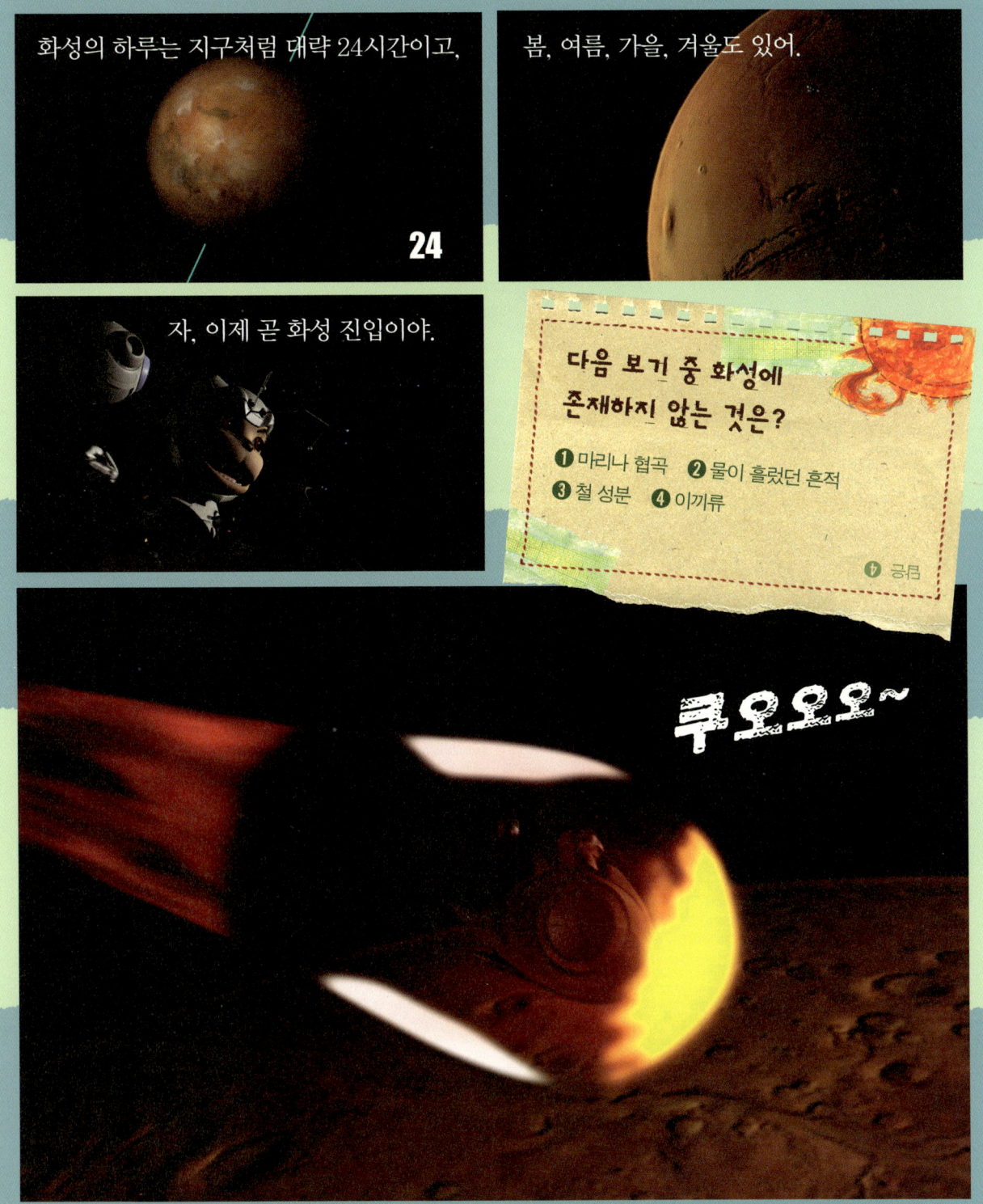

와, 엄청난 모래 폭풍이다.

화성에는 강한 모래 폭풍이 불어.

이 폭풍 때문에 지구에서 보면 계절마다
화성 표면이 다르게 보여.

지이이이잉

쿠궁!

아유, 모래 폭풍 때문에… 캑캑!

여긴 왜 이렇게 온통 불그스름한 거지?

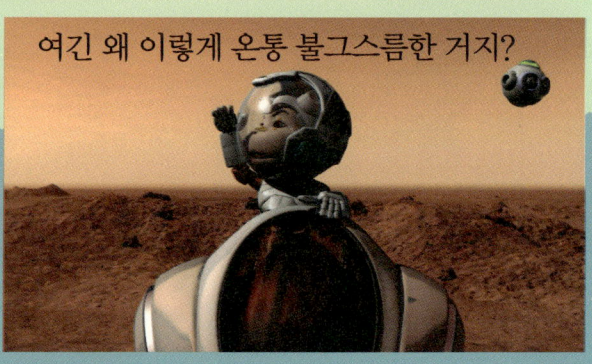

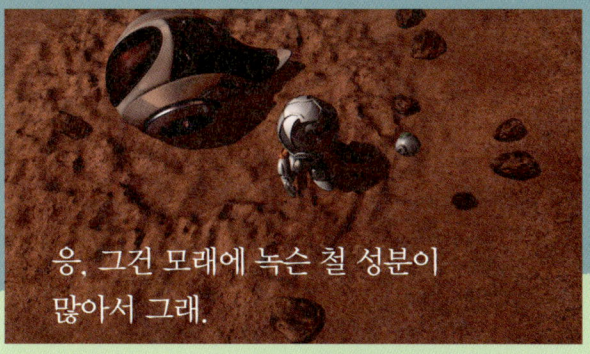

응, 그건 모래에 녹슨 철 성분이 많아서 그래.

좀 춥긴 하지만 이 정도 온도면 사람이 살 수 있겠는데, 안 그래?

영하 40도 정도니까 그럭저럭 인간이 살 수 있는 온도지.

자, 어디 헬멧을 올려 볼까?

그래. 산소와 물이 없다는 게 사람이 살기에 제일 큰 문제긴 해. 하지만 과거에는 화성에 물이 흘렀던 적이 있어.

크헉! 그런데 여긴 산소가 없네.

정말? 그런데 그걸 어떻게 알아?

지형을 보면 알 수 있어.

우리, 우주선을 타고 화성의 지형을 관찰해 보자.

우아, 정말 거대하다!

저게 바로
마리나 협곡이야.

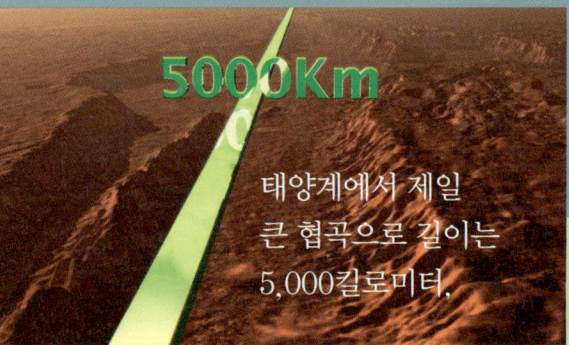

5000Km

태양계에서 제일
큰 협곡으로 길이는
5,000킬로미터.

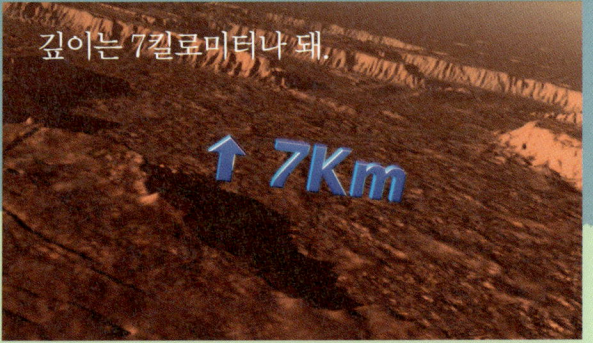

깊이는 7킬로미터나 돼.

↑ 7Km

쿠스, 저기 좀 봐.
꼭 강처럼 생겼어.

그래. 화성에는 약 35억 년 전에
물이 흘렀던 흔적이 여기저기 있어.

또 그때는 대기도 지금처럼 희박한게 아니라
지구처럼 풍부했어.

그러다가 오랫동안 화성에 비가 오지 않았고,
대기가 희박해진 화성은 점차 차가워져서
표면의 물은 증발해 버렸어.

하지만 극지방엔 엄청난 양의 물이 얼어붙어서 남아 있게 됐어.

그러니까 극지방에는
물이 있다 이거지?

그래. 화성의 기온을 올릴 수만 있다면
극지방의 얼어붙은 물을 사용할 수 있겠지.

검은 이끼 같은 식물들이 대량으로
화성 표면에서 자라게 된다면

태양열을 흡수해서
온도를 올릴 수 있어.

그러면 지표면 아래에 있던 얼음을
녹여서 물을 만들 수가 있지.

또 식물이 산소도 만들어 내기 때문에
화성의 대기를 지구처럼 만드는 일도 가능할 거야.

아하, 그렇구나!

좋았어!

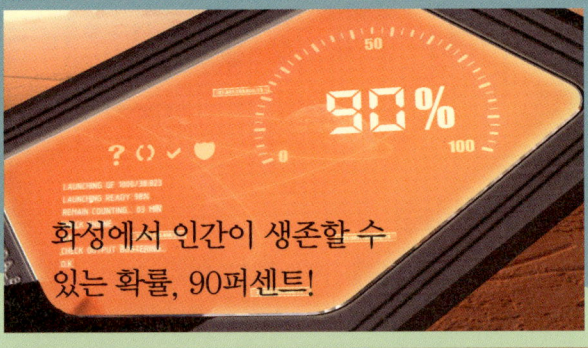

삑 삑!

화성에서 인간이 생존할 수 있는 확률, 90퍼센트!

그러면 목성은 확률이 얼마나 될까?

자, 그럼 목성으로 출발!

그거야 가서 조사해 보면 알지!

화성아, 잘 있어!

화성에 생명체가 있다, 없다?

　　화성은 다른 어떤 천체보다도 인류의 관심을 한몸에 받아 온 행성입니다. 옛날부터 화성엔 외계인이 살고 있을 거라 믿어 왔죠. 그래서 공상과학영화에도 화성에서 온 외계인들이 심심찮게 등장해요. 정말 화성에 외계인이 있을까요?

　　그에 대한 답은 화성에 탐사선이 도착한 1960년대에 비로소 밝혀졌습니다. 우리를 반겨 주는 외계인은 없었어요! 그냥 불그스름한 허허벌판 사막만 있었을 뿐이죠. 화성에는 물도 없고 대기도 희박해요. 게다가 오존층도 없어서 태양 자외선이 그대로 내리쬐고 있지요. 우주복이 없다면 우린 차갑고 건조하고 진공 상태에 가까운 화성 표면에서 단 1분도 살 수 없을 거예요.

화성, 마스 (Mars)
질량 ▶ 6.42×10^{23}킬로그램
　　　(지구 질량의 약 10분의 1)
지름 ▶ 6794 킬로미터 (지구 지름의 약 반)
표면 중력 ▶ 0.38그램(지구의 약 3분의 1 미만)
표면 평균 온도 ▶ 영하 46도
대기 ▶ 지구 대기 100분의 1 정도
자전 주기 ▶ 24.6시간
공전 주기 ▶ 687일

문어 같이 생긴 외계인은 아니더라도 화성에 살아 있는 생명체가 있지는 않을까요? 이 물음에 답하기 위해 지난 40년 동안 인류는 화성에 무인 우주선을 보내 탐사해 왔어요. 원래 화성 탐사는 구소련이 처음 시작했는데 우주선을 다섯 번이나 발사했지만 모두 실패했죠. 그러다 1965년 미국의 마리너 4호가 화성에 접근해서 화성 표면과 대기 성분을 관측하는 데 성공했어요.

화성 탐사선 스피릿호를 위에서 내려다본 모습

그 후 1997년 패스파인더호와 소저너호는 화성 표면을 탐사하면서 둥글둥글한 자갈을 발견했어요. 이 둥글둥글한 모양은 과거 자갈이 물속에서 흘러다녔다는 것을 말해 주는 것이어서 화성에 바다와 강, 그리고 지구와 같은 대기가 있었다는 것을 알게 됐죠. 2007년 7월 피닉스호는 화성의 북극에서 땅을 파서 얼음 상태의 물을 발견했고, 땅속에 대규모의 얼음이 존재한다는 것을 확인하게 됐어요. 또 화성의 흙을 채취해 분석해 본 결과 미생물의 에너지원이 되는 성분을 발견해 세계를 놀라게 했죠.

드디어 2009년 1월 미 항공우주국 나사에서는 화성 적도 부근에서 메탄 가스를 대량으로 발견했고, 이는 ==화성의 지하 얼음층에 메탄 가스를 만드는 미생물이 존재하는 증거==

스피릿호가 찍은 화성 표면

라고 발표했어요. 지금도 화성에서는 무인 탐사선들이 돌아다니면서 열심히 탐사를 하고 있어요. 2030년쯤엔 인간이 직접 화성의 땅을 밟을 예정인데요, 그때쯤이면 화성의 생명체가 우리 앞에 모습을 드러낼까요?

145

태양계 최대 규모의 계곡

 화성의 적도 부근에는 태양계에서 제일 큰 계곡이 있답니다. 이름은 마리나 협곡! 그 폭이 무려 5,000킬로미터나 된다고 하는데, 호주 대륙이 통째로 들어갈 만한 크기라고 합니다. 엄청나죠?

 지구보다 훨씬 작은 화성에 어떻게 이렇게 거대한 계곡이 생겼을까요? 과학자들은 적도의 지각이 마그마에 의해 북쪽으로 끌려 올라가면서 찢어져서 생긴 거라고 추정하고 있어요. 화성에는 태양계에서 가장 큰 화산도 있는데, 지구의 에베레스트 산보다 세 배나 높대요.

 화성의 하루 길이는 지구의 하루 길이와 거의 비슷한 24시간 정도입니다. 또 자전축이 지구와 비슷한 각도로 기울어져 있어 지구처럼 사계절이 뚜렷해요. 단, 계절의 길이가 지구의 두 배라는 점이 다르죠. 화성이 태양에 가장 가까이 접근했을 때 남반구에 여름이 찾아오는데, 섭씨 20도 정도까지 기온이 올라간다고 합니다.

 그 정도면 인간이 살 만도 하지 않을까요? 하지만 겨울이 너무나 추워요. 남극의 겨울은 영하 125도까지 내려간대요. 그래도 다른 행성에 비하면 나은 편이라고요? 그건 그래요. 그런 까닭에 화성에 생명체가 존재할 가능성이 크다고 보는 거겠죠.

화성에 있는 태양계 최대 규모의 마리나 협곡

화성에 물이 사라진 이유

지금은 비록 물이 없지만 과거엔 화성에 물이 흘렀던 흔적이 뚜렷합니다. 지형을 보면 알 수 있지요. 화성의 대기가 지금처럼 희박했던 건 아니었어요. 화성은 한때 지구처럼 빽빽한 대기층을 가지고 있었고 비도 내려 지표면에 강이 흘렀을 거라고 해요. 그런데 왜 지금은 대기가 다 없어졌을까요?

과학자들은 그 원인으로 화성 뒤에 있는 거대한 목성, 그리고 화성을 태양풍으로부터 보호해 주는 자기장이 없다는 사실을 지적하고 있어요. 화성은 지구와 목성 사이에 끼어 있어서 제대로 발육을 하지 못한 행성이에요. 태양계가 형성되던 당시 거대한 목성이 화성 옆에서 행성이 형성되는 데 필요한 물질들을 모두 가져가는 바람에 화성이 잘 자라지 못한 거죠. 그래도 간신히 대기를 유지할 수 있는 정도의 크기로는 자랐는데 얼마 지나지 않아 대기가 천천히 빠져나가기 시작했어요. 또 화성엔 지구처럼 태양풍으로부터 지켜 주는 자기장이 없기 때문에 계속해서 태양풍이 휘몰아쳐 화성의 대기를 쓸어갔죠.

세월이 흐르면서 화성의 대기는 점차 희박해져 갔고 온도는 내려갔어요. 땅 위에 흐르던 물도 증발하거나 지표면 아래에 얼어붙어 버렸답니다. 아마 화성에 물이 흐르지 않은 지는 25억 년에서 35억 년 정도 된 것 같아요.

화성에는 위 사진에서 보이는 것처럼
물이 흘렀던 흔적이 있다.

화성의 못생긴 위성

　지구는 달이라는 위성을 가지고 있죠? 화성도 지구처럼 위성을 가지고 있는데 하나
가 아니라 둘이에요. 이름은 포보스와 데이모스인데, 위성이라 부르기도 우스울 정도로
작은 바윗덩어리지요. 형님 격인 포보스는 크기가 약 27킬로미터 정도이고 데이모스는
그 절반 정도예요.

　이 두 위성은 중력이 없어서 동그랗게 되지도 못하고 그냥 길쭉하고 울퉁불퉁한 감자
처럼 생겼어요. 포보스와 데이모스는 화성과 함께 생겨난 게 아니라 화성 너머에 떠다
니는 수많은 소행성들 중에서 화성의 중력장에 포획된 것으로 추정하고 있어요.

와, 너 진짜 작고
못생겼다.

남 이야기할
처지가 아닐 텐데…

포보스

데이모스

화성을 개발하자!

과학자들은 지구가 아닌 우주에 인류가 정착할 곳을 마련하기 위해 연구하고 있어요. 그 첫 번째 후보가 바로 화성이지요. 하지만 화성엔 산소도 없고 액체 상태의 물도 없고, 무엇보다 자외선이 지나치게 강해서 생명체가 생존하기 어렵죠. 하지만 이런 문제는 화성에 더 많은 공기를 만들어 낸다면 해결할 수 있어요.

예를 들어 화성 표면에 검은 이끼와 같은 단순한 형태의 식물을 자라게 한다면 검은 이끼가 태양 광선을 흡수해서 표면 온도를 높일 수 있고 산소를 만들어 내어 대기도 생겨 물이 흐르는 곳으로 만들 수 있죠. 물론 아직까지는 이론적인 생각이고 현실화되기엔 힘든 점이 많아요. 그 많은 이끼를 화성까지 어떻게 실어 나르느냐 하는 문제, 대기를 형성시키려면 적어도 수백 년에서 수천 년이 걸릴 텐데 어떻게 기다리느냐 하는 문제 등 한두 가지가 아니죠.

하지만 이런 어려움쯤은 여러분들이 이 다음에 우주 과학자가 되어서 해결할 수 있겠죠? 화성에 이사 가서 살게 될 날을 기대해 봐요.

9 태양이 되고 싶은 목성

쿠스, 뭐 하는 거야?

응, 우주선이 고장 난 데가
없나 살펴보고 있어.

앞으로 탐험하게 될 목성은 지금까지
탐험했던 행성들과는 다르거든.

다르다고?
뭐가 다른데?

지금까지 우리가 갔던 수성, 금성,
화성은 딱딱한 암석으로
이루어진 행성이었어.

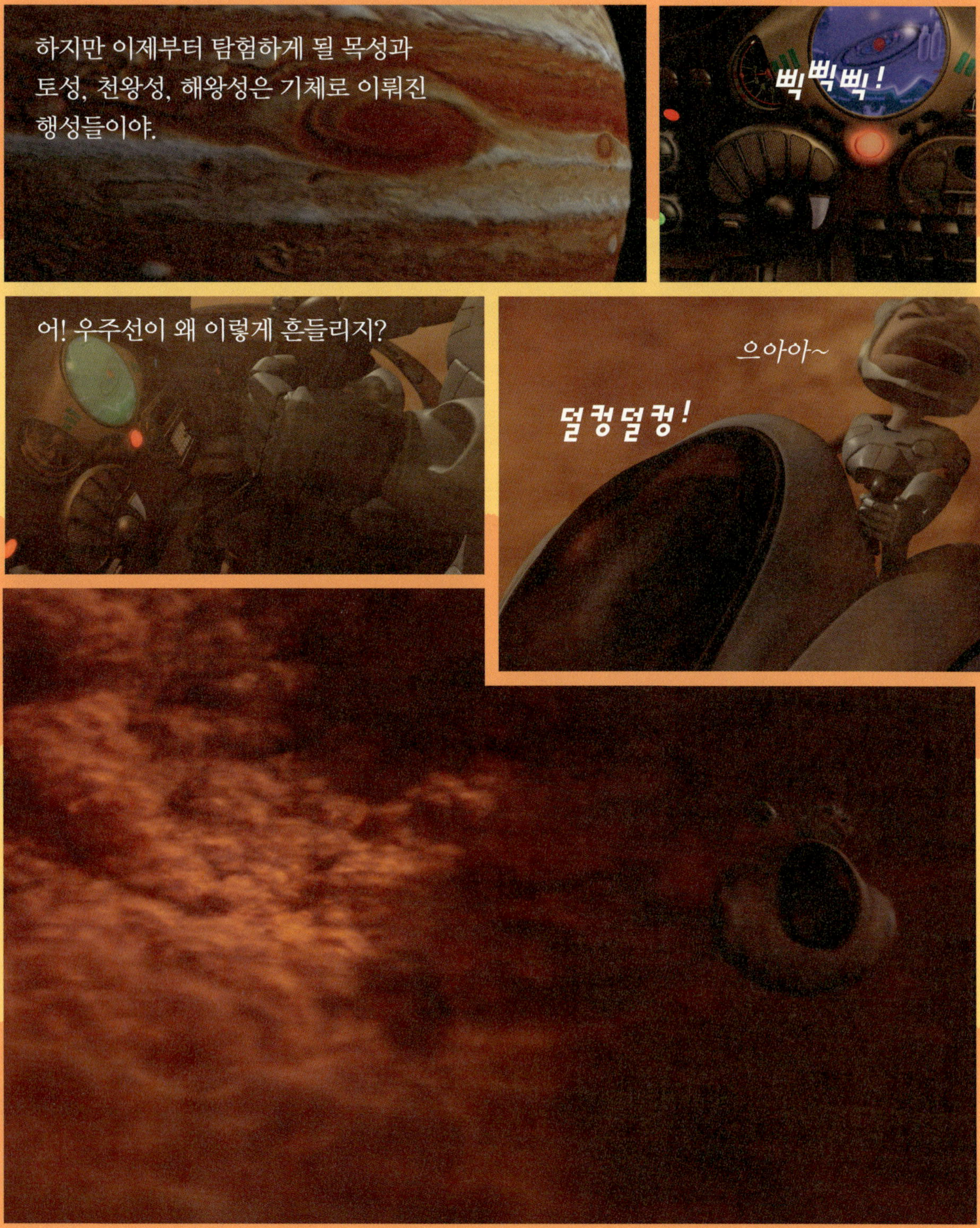

하지만 이제부터 탐험하게 될 목성과
토성, 천왕성, 해왕성은 기체로 이뤄진
행성들이야.

삑삑삑!

어! 우주선이 왜 이렇게 흔들리지?

으아아~

덜컹덜컹!

목성에 바다가 있어?

그래. 목성엔 딱딱한 지표면이 없다고 했잖아. 대기권 아래엔 바로 바다야.

그럼 이 바닷물도 짠가?

아니, 지구에 있는 그런 바닷물은 아니야.

목성은 압력이 엄청나게 높기 때문에 대기권 아래에서는 수소가 액체로 변해. 그래서 이런 거대한 바다가 생기게 된 거야.

우아! 정말 목성은 어마어마하게 크다.

목성은 태양계 행성 중에서 가장 큰데, 만일 지금보다 더 컸다면 핵융합을 일으켜서 또 하나의 태양이 됐을 거야.

그런데 이런 목성에
사람이 살 수 있을까?

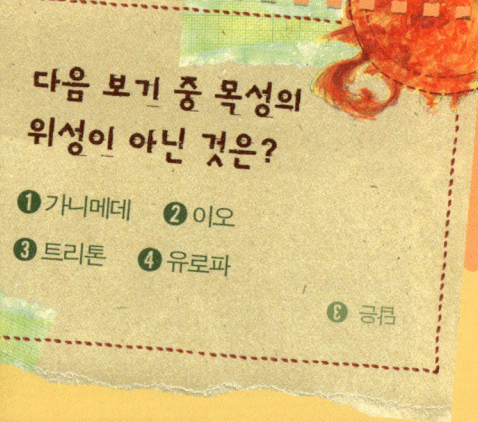

**다음 보기 중 목성의
위성이 아닌 것은?**

❶ 가니메데　❷ 이오
❸ 트리톤　❹ 유로파

❸ 정답

아마 이렇게 생긴 풍선 모양의
도시를 바다 위나 대기권 위에
건설한다면 가능할지도 모르지.

삐이 삐이!

가까운 곳에 생명체의
흔적이 있다는 신호인데…

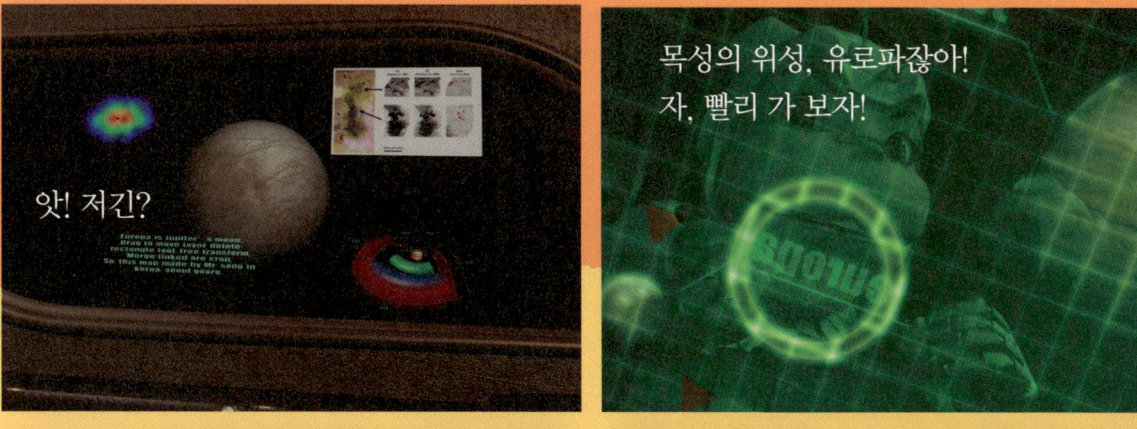

앗! 저긴?

목성의 위성, 유로파잖아!
자, 빨리 가 보자!

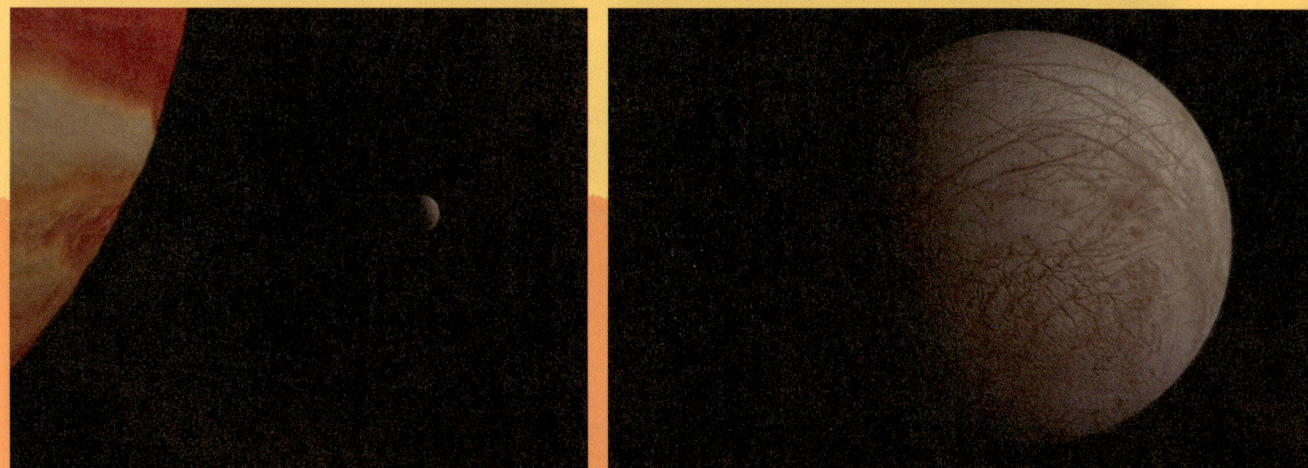

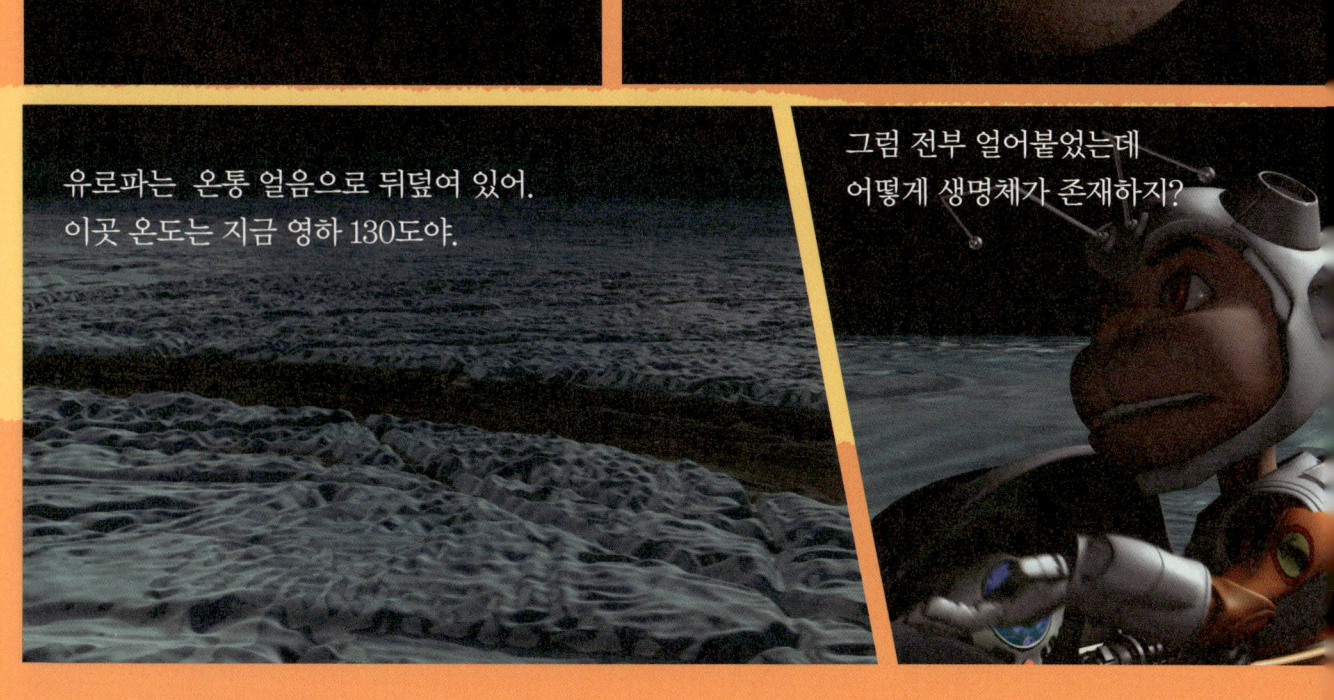

유로파는 온통 얼음으로 뒤덮여 있어.
이곳 온도는 지금 영하 130도야.

그럼 전부 얼어붙었는데
어떻게 생명체가 존재하지?

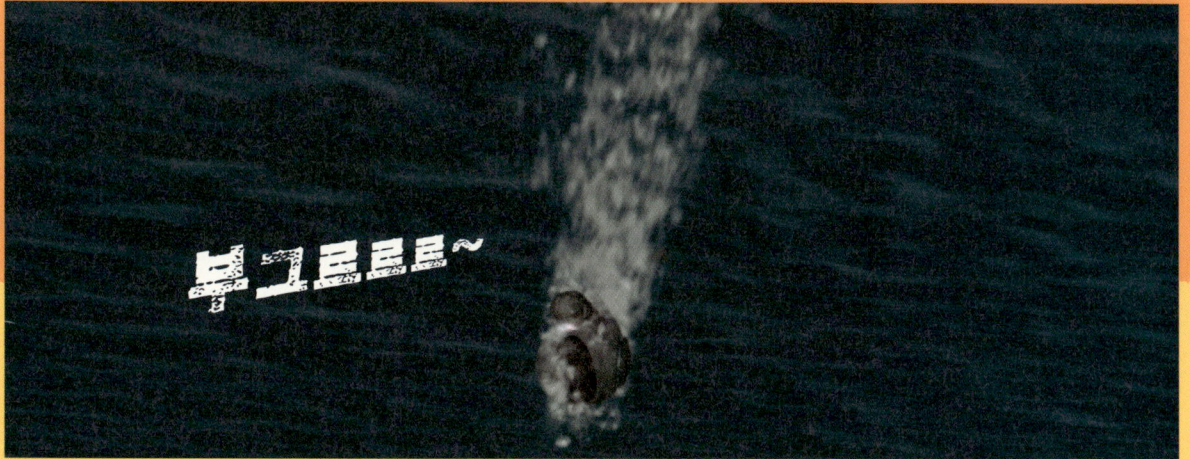

부그르르르~

어? 얼음 아래에 물이 있네.

음, 이건 소금물이야.

지구의 바다 성분과 비슷해!

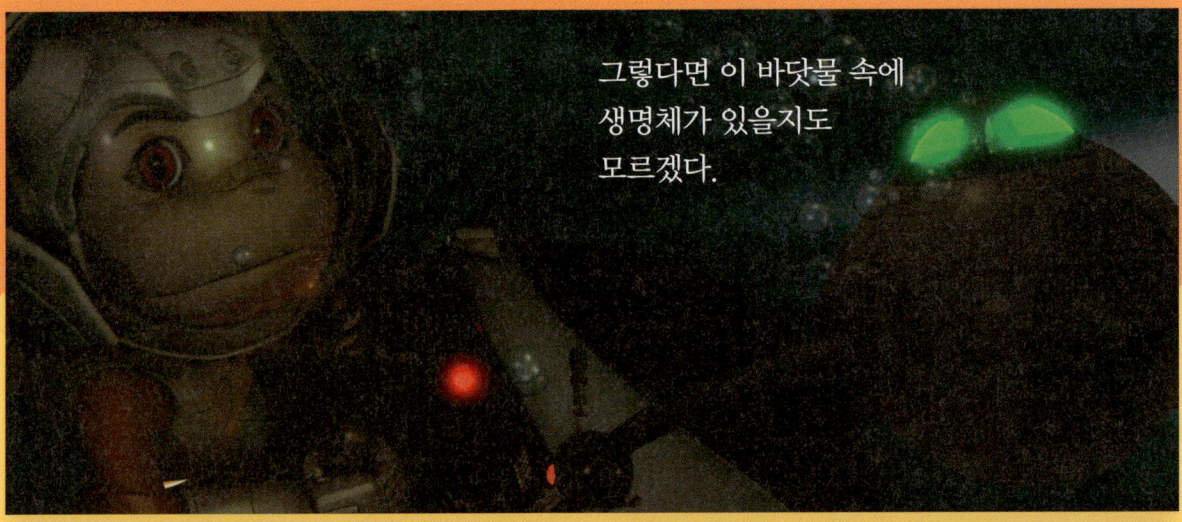

그렇다면 이 바닷물 속에
생명체가 있을지도
모르겠다.

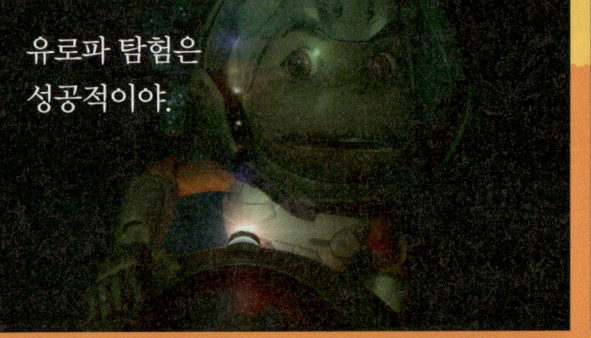

유로파 탐험은
성공적이야.

레이, 그럼 이제
물 밖으로 나가자.

나중에 두꺼운 얼음을 녹일 수만 있다면
유로파도 지구 같은 행성으로 만들 수 있을 것 같아.

유로파도 제2의 지구가
될 가능성이 있다. 이거지?

정말 기대된다! 랄랄라~

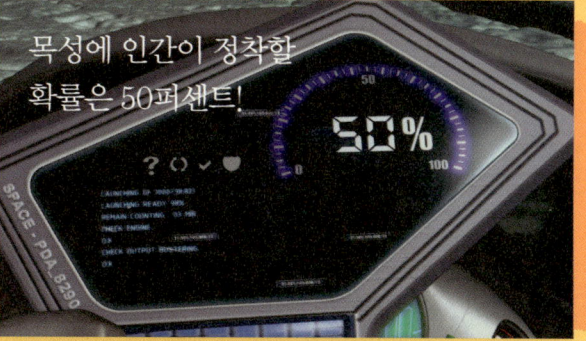

목성에 인간이 정착할
확률은 50퍼센트!

삑삑!

목성의 위성 유로파는
80퍼센트!

쿠스, 다음에 갈 행성은 어디지?

토성이야!

자, 그럼 토성을 향해 출발!

슈우욱!

태양계에서 가장 큰 행성, 목성

　레이는 이제 지구형 행성을 떠나 거대 기체 행성들이 있는 태양계 외곽을 탐험하기 시작했어요. 만약 태양계 멀리 사는 외계인이 본다면 지구, 화성, 수성 같은 행성들은 보이지 않을지도 몰라요. 왜냐하면 목성과 토성이 너무 크기 때문이죠. 목성이 만약 조금만 더 컸더라면 태양처럼 별이 됐을 거예요. 실제로 목성의 질량은 태양계 다른 행성들을 다 합친 것보다 더 무거워요.

　목성이 태양이 됐다면 하늘엔 태양이 두 개나 떴겠죠? 밤이 더 짧아지고 낮이 더 길었을 거예요. 실제로 우주엔 태양이 한 개밖에 없는 행성보다 한 개 이상인 행성이 훨씬 많다고 합니다.

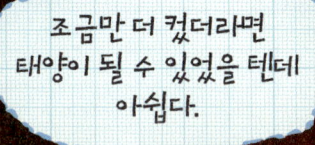

조금만 더 컸더라면 태양이 될 수 있었을 텐데 아쉽다.

만약 그랬다면 지구의 환경이 엄청나게 달라졌을 거야.

목성, 쥬피터 (Jupiter)
질량 ▶ 1.899×10^{27} 킬로그램
　　　　(지구의 317배)
지름 ▶ 142,984킬로미터
　　　　(지구 지름의 11.2배)
표면 평균 온도 ▶ 영하 150도
자전 주기 ▶ 9.55시간
공전 주기 ▶ 11.9년
위성 수 ▶ 63개 이상

목성은 출렁출렁!

지구, 수성, 화성, 금성은 단단한 고체 행성들이에요. 하지만 목성은 주성분이 수소와 헬륨으로 이루어져 있답니다. 목성 내부는 엄청나게 압력이 크기 때문에 수소가 액체로 존재하지요. 태양이 불타는 기체 항성^{핵융합 반응을 통해 스스로 빛을 내는 뜨거운 천체}이라면 목성이나 토성은 출렁이는 물의 행성이라 할 수 있어요. 지구의 대기압에서는 수소가 기체로만 존재하지만 목성은 지구보다 훨씬 압력이 높기 때문에 ==목성 전체가 거대한 수소 바다==랍니다.

목성은 덩치에 비해 아주 빨리 돌아가고 있어요. 너무 빨리 자전을 하는 바람에 출렁이는 물이 적도 부근에서 부풀어오른 것을 볼 수 있죠. 지구보다 지름이 열한 배나 큰 거대 행성이 단 아홉 시간 만에 한 바퀴를 돌다니 정말 민첩하죠?

목성의 중심에는 태양 표면보다 적어도 다섯 배는 더 뜨거운 핵이 있어요. 핵 위는 대부분 수소 바다인데요, 뜨거운 핵 때문에 액체 수소가 열을 받아 마치 주전자의 물처럼 빙글빙글 도는 대류 운동이 일어나고 있어요. 이 액체 수소는 수소가 양성자와 전자로 쪼개져 있어 마치 금속처럼 전기가 통한대요. 이런 성질 때문에 목성엔 ==지구 자기장보다 약 열 배나 강한 자기장==이 있어요.

바다와 대기가 구별되어 있는 지구와는 달리 목성은 액체 바다와 대기 사이에 뚜렷한 경계가 없고 섞여 있는 상태라고 해요. 그래서 만약 목성에 도시를 건설한다면 대기권이나 바다 위에 둥둥 뜰 수 있는 풍선 모양의 도시를 건설해야 할 거예요.

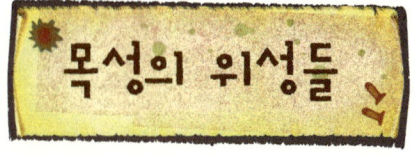

목성의 위성들

목성의 위성은 적어도 63개 이상일 것으로 추측하고 있어요. 그 중에 제일 큰 네 개는 가니메데, 칼리스토, 이오, 그리고 유로파지요. 1609년에 갈릴레오 갈릴레이가 이 위성들을 관측했어요. 그 가운데 특히 천문학자들의 관심을 끄는 위성은 이오와 유로파랍니다.

이오

이오는 얼음이 거의 없는 암석의 세계로 달보다 조금 더 커요. 현재 수십 개의 화산이 활동하고 있어서 이오의 표면은 태양계에서 가장 젊다고 할 수 있어요. 화산 활동이 이렇게 활발한 것은 목성과 가깝기 때문인데요, 목성의 조력을 받아 내부에 힘이 가해져 화산 활동이 일어나는 것이죠. 화산 활동 때문에 희박하나마 이오엔 대기층도 있어요.

유로파

유로파는 또 다른 암석의 세계입니다. 크기는 달보다 약간 작아요. 유로파는 내부에 열을 갖고 있어요. 유로파의 표면은 밝고 얇은 얼음판으로 뒤덮여 있는데 이 얼음판엔 길게 갈라진 틈새가 많아요. 이것은 목성의 조력을 받아 얼음이 깨지기도 하고 다시 얼기도 해서 생긴 거라 추측하고 있어요. 달의 영향을 받아 지구의 바다에 밀물과 썰물이 생기는 것과 같은 이유죠. 과학자들은 유로파 표면의 얼음을 깨고 아래로 내려가면 거대한 지하 바다가 있을 거라 추측하고 있어요. 액체로 된 물은 생명체가 탄생하기 위해 꼭 필요한 환경임을 생각해 볼 때 유로파의 지하 바다엔 생명체가 있을 가능성도 있지요.

천동설을 뒤집은 목성의 위성들

천동설이 맞을까요,
지동설이 맞을까요?
우리를 잘 보면
알 수 있어요!

흠, 지구가 아닌
목성을 중심으로
돌고 있구나.

갈릴레오 갈릴레이는 철학자, 물리학자이면서 뛰어난 천문학자였습니다. 갈릴레이는 당시 배율이 30배나 향상된 망원경을 개발하여 천문 현상을 관측한 결과 천문학의 일대 혁명을 이루었어요. 목성의 가장 큰 네 개의 위성인 이오, 칼리스토, 유로파, 가니메데를 발견한 것도 갈릴레이였지요.

갈릴레이는 이 별들이 나타났다 사라졌다 하는 것을 관측하면서, 이들이 목성 주위를 돌고 있는 위성이란 사실을 알게 됐어요. 갈릴레이는 모든 행성들이 지구를 중심으로 돌고 있다는 이론이 틀렸다는 것을 직감했어요. 그래서 달의 위상 변화와 비슷하게 나타나는 금성의 위상 변화를 관찰했죠. 그 결과 <mark>금성이 지구 주위를 도는 것이 아니라 태양 주위를 돌고 있음</mark>을 알게 됐고, 당시 모든 사람들이 믿고 있었던 천동설(우주의 중심은 지구이고, 모든 천체가 지구를 중심으로 돈다는 학설)이 틀렸음을 밝혔죠. 하지만 갈릴레이가 지동설이 옳다는 연구 결과를 발표하자 당시 천동설을 믿던 종교계는 크게 반발했고, 갈릴레이는 종교 재판을 받는 고초를 겪기도 했지요. 역시 천재의 일생은 고달픈가 봐요.

그 외에도 갈릴레이가 발견한 것은 아주 많아요. 갈릴레이는 토성과 토성의 고리도 관찰했고 유럽인 가운데 처음으로 태양의 흑점을 관측하기도 했어요. 또 달의 표면에 분화구가 있다는 사실도 처음 알아냈고 분화구의 높이까지 계산했답니다. 정말 대단한 천문학자죠? 갈릴레이는 천문학뿐만 아니라 물리학, 수학 분야에서도 큰 업적을 세웠어요.

목성도 고리를 갖고 있는데요, 토성의 화려한 고리에 비하면 정말 볼품없죠. 토성의 고리에서는 집채만 한 얼음 덩어리들이 수없이 떠다니는 장관을 볼 수 있지만 목성의 고리는 연기 같은 작은 입자로 이루어져 있어서 이 입자들을 보려면 현미경이 필요할 정도예요. 이 고리는 목성 반지름의 약 1.8배 떨어진 곳에 있는데 얇고 어둡지요. 목성의 고리가 생기게 된 것은 지금 고리의 궤도를 돌던 작은 위성들이 운석들의 폭격을 받아 부서졌기 때문으로 보고 있어요.

목성이 많은 위성을 가지고 있고 희미하지만 고리도 가지고 있는 이유는 뭘까요? 그건 목성이 엄청나게 힘이 세기 때문이에요. 그래서 태양계 안으로 들어오는 소행성들과 혜성들은 목성의 중력장에 잡히기 쉽지요.

1994년, 슈메이커-레비 혜성이 태양계 안으로 들어왔다가 목성의 중력장에 잡히는 바람에 목성과 충돌한 적이 있어요. 그 바람에 목성 대기에서는 거대한 화염이 일어났고 혜성 조각들은 목성 대기 속으로 사라졌답니다.

10 반지의 제왕, 토성

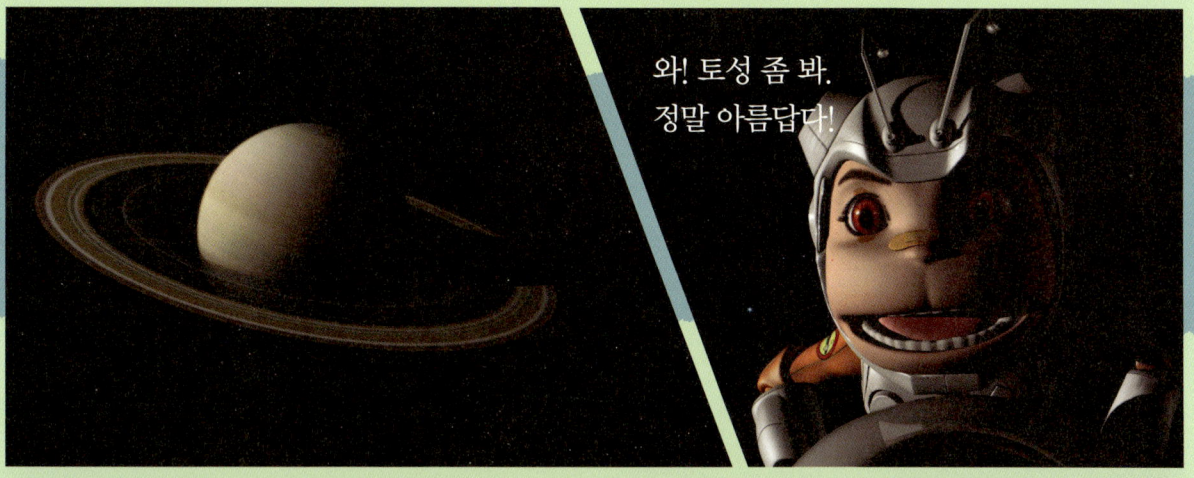

와! 토성 좀 봐.
정말 아름답다!

저 고리 덕분에 반지의 제왕이라는
별명이 어울리겠어.

그런데 토성을
둘러싸고 있는
고리가 여러 개네?

세 개 정도로 보이지? 사실은 큰 고리 안에
수천 개의 고리가 더 들어 있어.

저 고리의 정체는 뭘까?

우리 가까이 가 보자!

슈우우우웅…

그렇다면 토성의 고리는
거대한 빙수였단 말이지?

지구의 친구들이
좋아하겠는걸!
헤헤헤!

덜덜덜~

하지만 빙수
위에서 산다면…?

만약 인간들이 정착한다면 목성에서 생각했던
풍선 모양의 도시를 만들어야 할 거야.
토성과 목성은 실제로도 거의 비슷한 환경이거든.

삐이 삐이!

앗! 이 신호는 가까이 생명체가 있을지도 모른다는 신호잖아.

토성의 위성 타이탄에서 신호가 감지되고 있어.

그렇다면 타이탄에 생명체가?

빨리 타이탄으로 가 보자, 레이!

좋았어, 출발!

쿠스, 저것 좀 봐. 짙은 안개 같아.

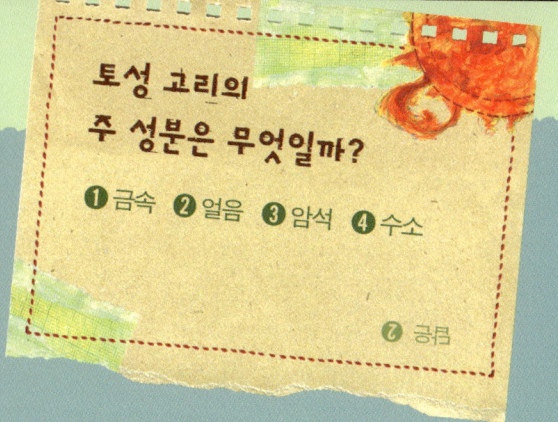

토성 고리의 주 성분은 무엇일까?

❶ 금속　❷ 얼음　❸ 암석　❹ 수소

② 당무

저건 가스야. 타이탄은 중력이 약하지만
워낙 추워서 가스가 날아가지 못해.

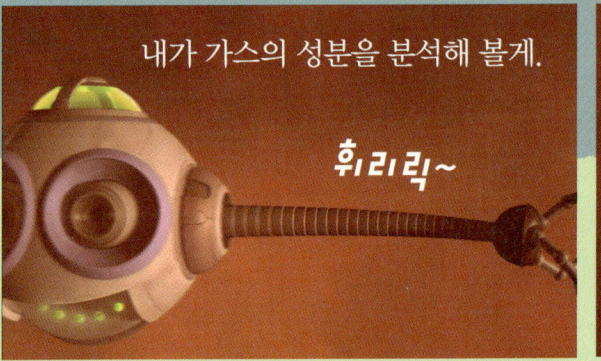

내가 가스의 성분을 분석해 볼게.

휘리릭~

아니, 그런데 이건… 질소잖아?

질소?

그래. 지구의 대기도 대부분 질소로
이루어져 있잖아. 이건
정말 놀라운 발견이야!

173

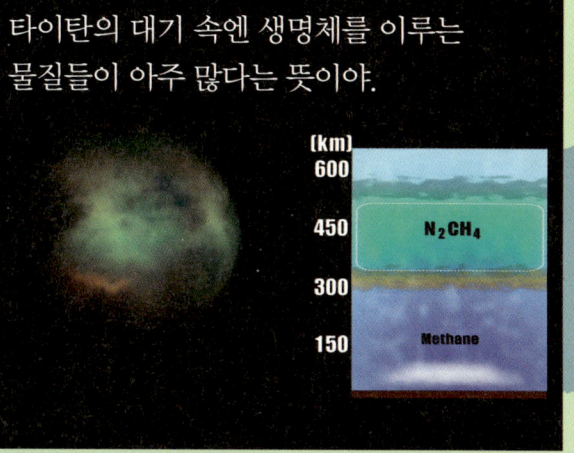
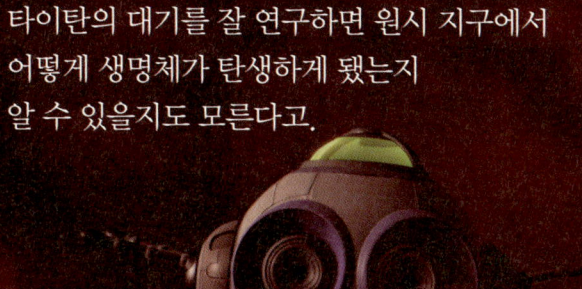

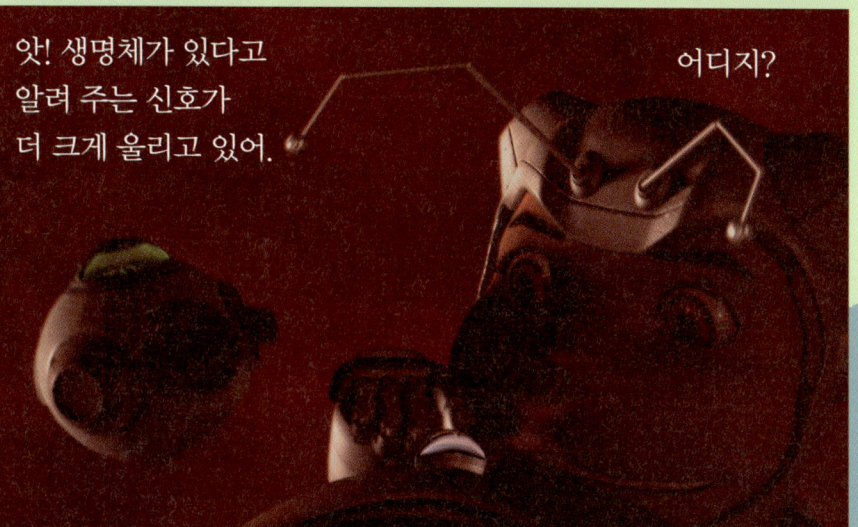

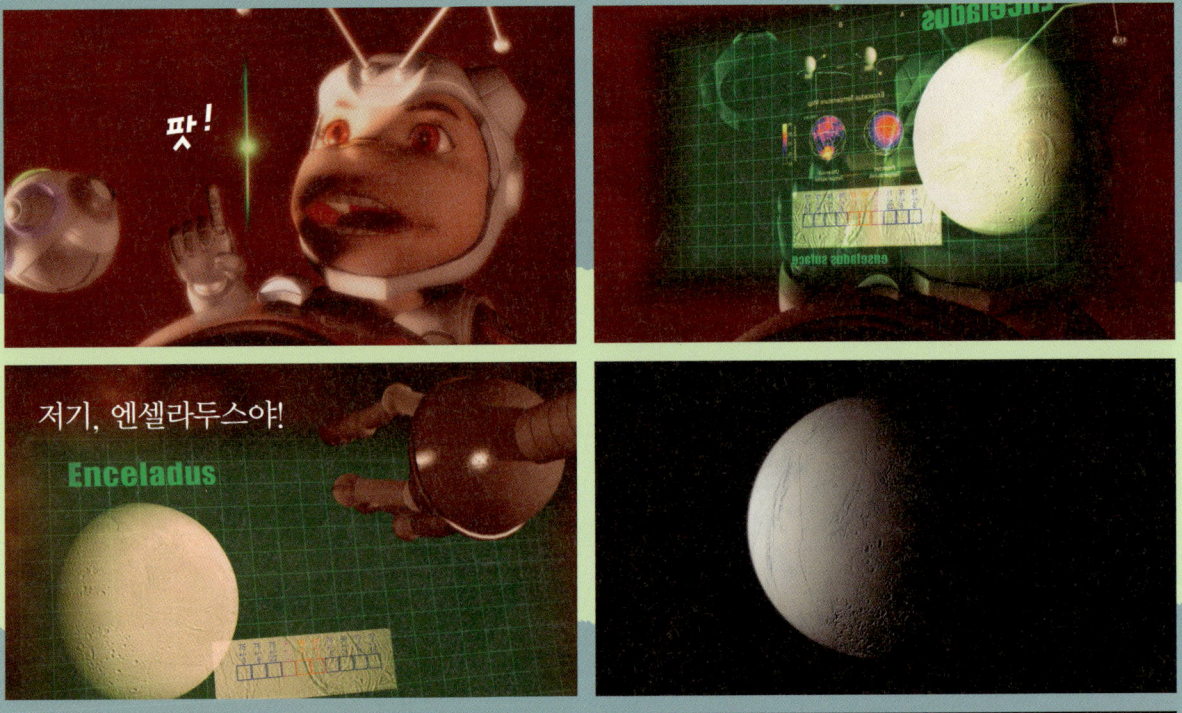

팟!

저기, 엔셀라두스야!

Enceladus

토성의 또 다른 위성인 엔셀라두스는 온 지표면이
얼음으로 뒤덮여 있는 작은 행성이야.

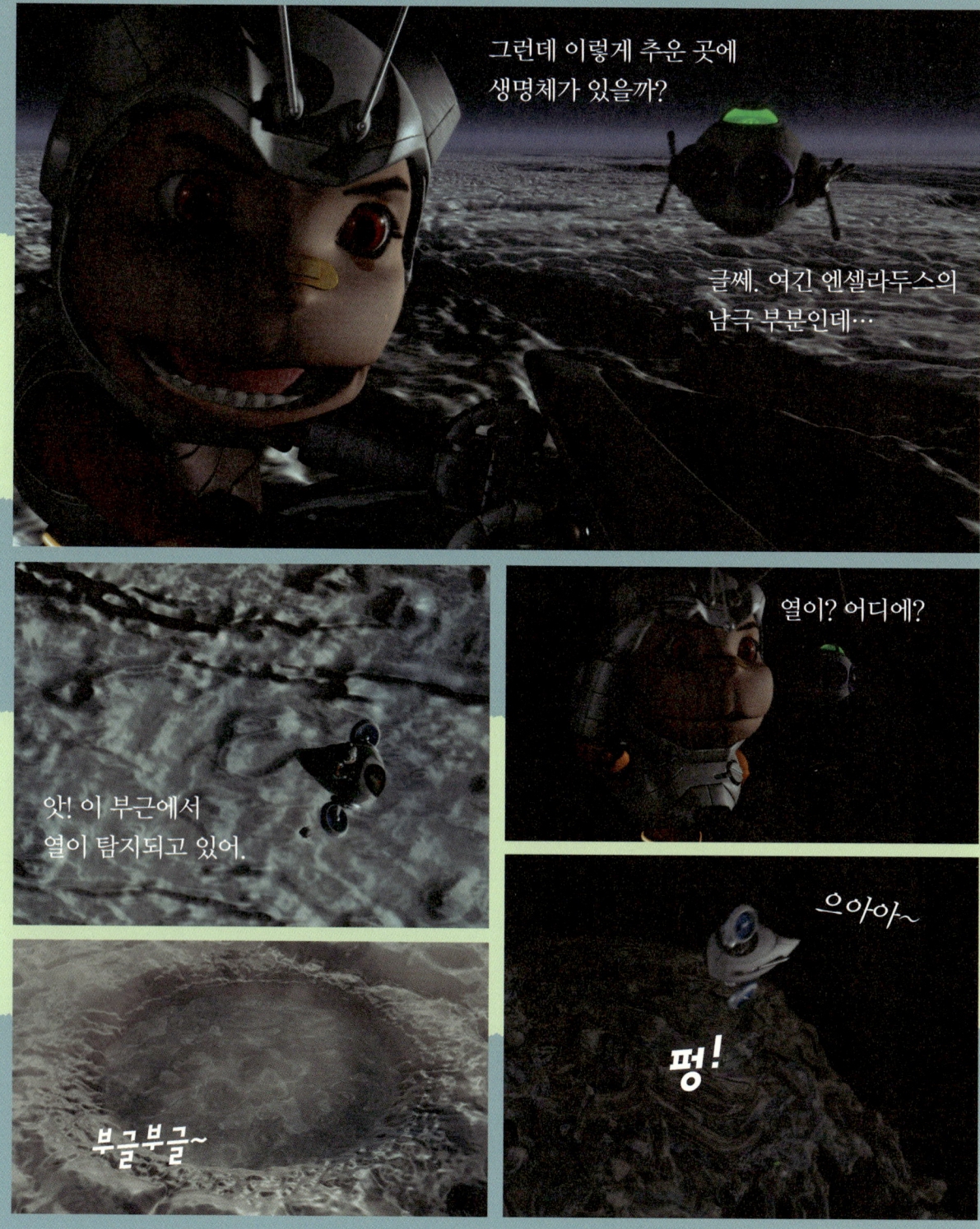

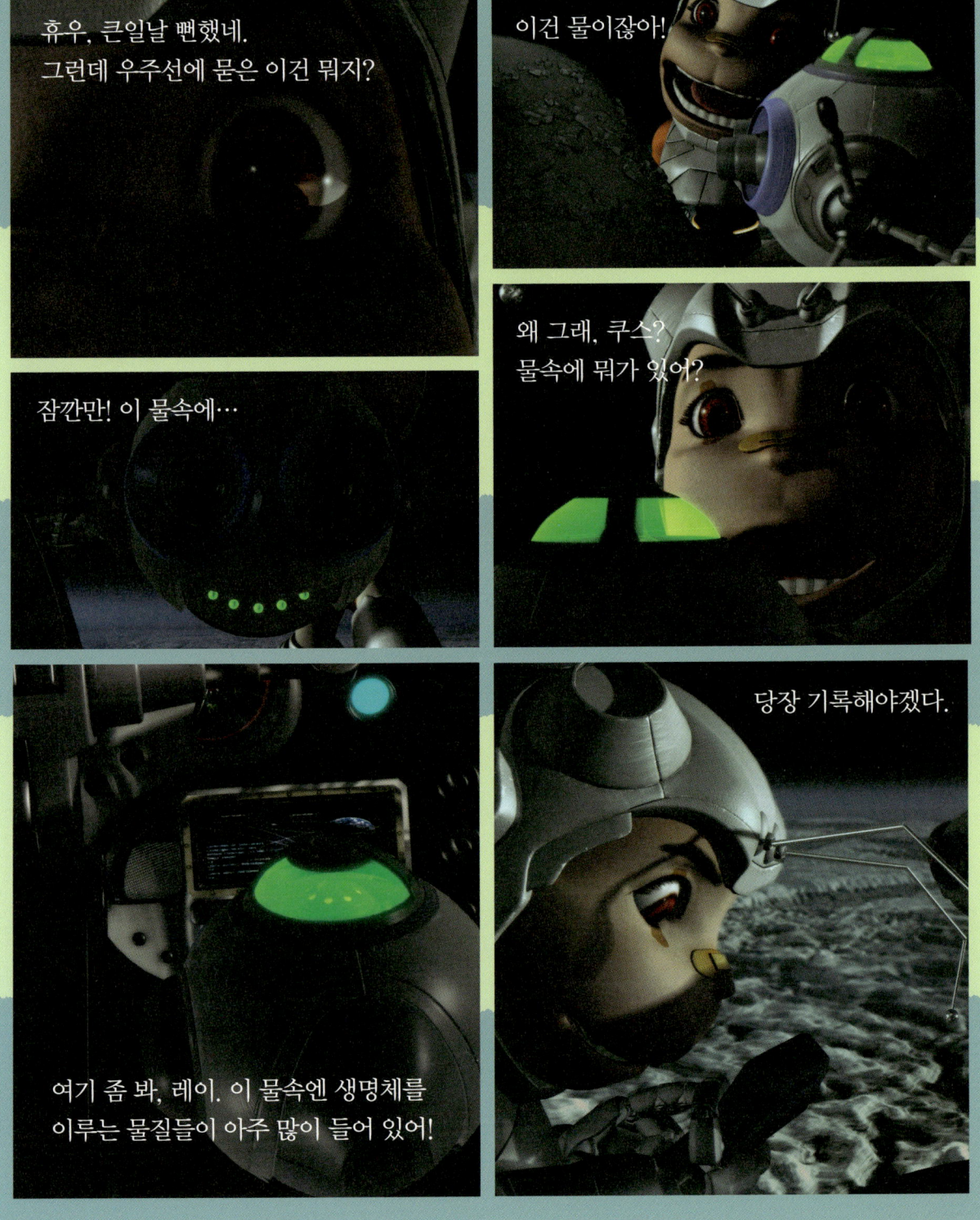

먼저 토성은 생명체 존재
가능성 50퍼센트.

타이탄은 70퍼센트.

삑삑!

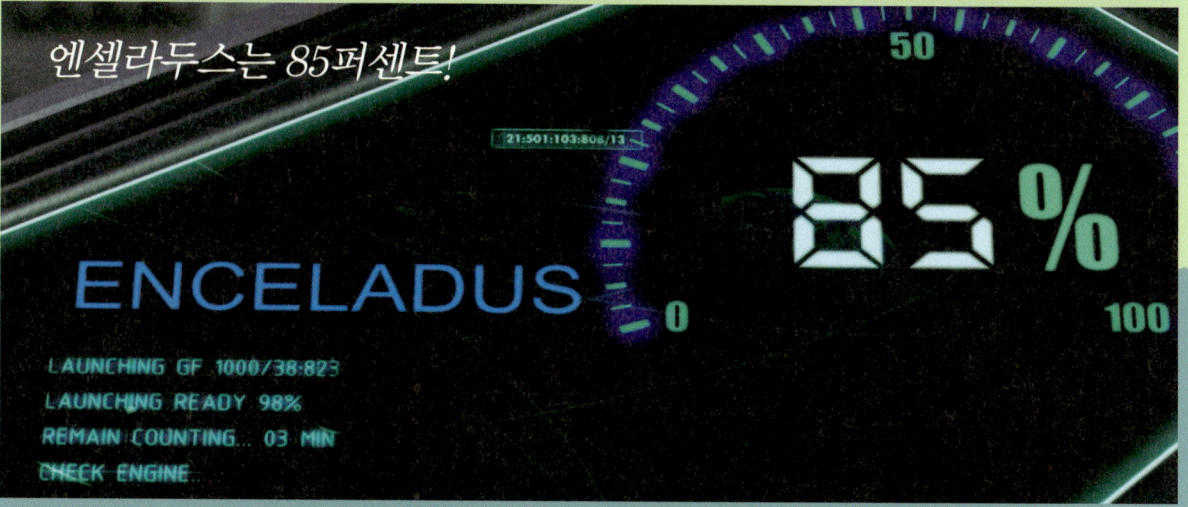

엔셀라두스는 85퍼센트!

토성에 도착했어요

레이와 쿠스는 우주 공간 깊숙이 날아갔습니다. 토성은 지구에서 아주 멀리 떨어져 있어요. 토성과 태양 사이의 거리는 태양과 목성 사이의 거리의 두 배, 지구와 태양 사이의 거리의 약 열 배 정도 되지요.

토성은 여러 가지 면에서 목성과 닮았어요. 크기도 비슷하고 수소와 헬륨으로 이루어진 성분도 비슷하죠. 하지만 질량은 목성의 3분의 1 정도밖에 안 돼요. 토성은 대부분이 수소로 이루어져 있어, 만약 거대한 수영장을 만들어 던져 넣는다면 물 위에 둥둥 떠오를 거예요.

토성은 태양계에서 목성에 이어 두 번째로 큰 행성인데, 지름이 지구의 약 열 배나 되죠. 토성도 목성처럼 가스로 이루어진 데다가 자전 속도가 아주 빠르기 때문에 납작한 공 모양을 하고 있어요. 토성은 태양계에서 단연 제일 센 바람이 불고 있는 곳이에요. 적도 부근에서는 초속 500미터의 바람이 불고 있어요. 평균 온도 영하 150도에 초속 500미터의 강풍이 불고 있고, 태양빛이 지구에서 받는 태양빛의 1,000분의 1밖에 안 되니 우리가 가서 살기엔 좀 힘들겠어요.

토성이 다른 행성에 비해 특별한 이유는 바로 빛나는 고리 때문이죠. 행성 주위를 도는 아름다운 고리의 정체는 눈 덩어리와 얼음 덩어리들이랍니다.

와, 아름다운 토성의 고리 좀 봐!

토성, 새턴 (Saturn)
질량 ▶ 5.69×10²⁶킬로그램
（지구 질량의 9.5배）
지름 ▶ 120,536킬로미터
（지구 지름의 9.5배）
표면 중력 ▶ 0.9그램
자전 주기 ▶ 10.32시간
공전 주기 ▶ 29.7년

아름다운 토성의 고리

예전엔 토성의 고리가 세 개인 줄 알았어요. 하지만 보이저 1호 탐사선이 가까이 가서 본 결과, 수천 개의 얇은 고리가 모여 있는 것을 알게 됐죠. 토성의 고리를 구성하고 있는 입자들은 초속 약 20킬로미터, 시속 7만 2,000킬로미터의 엄청나게 빠른 속도로 토성 주위를 돌고 있어요. 고리의 입자를 관찰하려면 레이의 우주선도 비슷한 속도로 날아야 하죠. 토성의 고리는 눈과 얼음 덩어리로 이루어져 있는데, 크기는 자갈만 한 것부터 집채만 한 것까지 다양하답니다.

토성의 고리는 적도면에 자리 잡고 있으며 토성 표면에서 12만 킬로미터까지 뻗어 있어요. 고리 전체의 폭은 약 6만 킬로미터에 이르는데, 한 개의 고리가 20미터에 불과한 것도 있죠.

그런데 토성의 고리를 이루고 있는 수많은 얼음 덩어리들은 왜 지구의 달이나 다른 행성의 위성들처럼 한데 뭉쳐 토성의 위성이 되지 못했을까요? 그 이유는 토성 가까이 궤도 안쪽을 도는 덩어리들이 바깥쪽을 도는 덩어리들보다 속도가 빠르기 때문이에요. 수천 개의 얇은 고리들은 모두 각각의 궤도를 돌고 있어요. 띠 전체로는 초속 20킬로미터 정도의 속도로 돌고 있지만 얼음 덩어리들이 각자의 속도대로 운동을 하고 있어서 서로 부딪칠

토성으로부터 6,400만 킬로미터 밖에서 찍은 토성 고리의 모습

일은 없지요. 만약 토성의 고리가 토성에서 멀리 떨어져 있었다면 궤도 속도가 전부 비슷해져서 덩어리들이 서로 뭉쳐 얼음 위성이 됐을 거예요.

토성의 위성들

　토성에는 위성이 적어도 61개 이상일 것으로 추측하고 있어요. 가장 큰 위성인 타이탄, 그 다음으로 작은 위성들은 이에페투스, 레아, 디오네, 테티스, 엔셀라두스, 그리고 미마스 이렇게 여섯 개입니다. 이들은 지름이 400미터에서 1,500킬로미터 사이의 위성들이죠. 그 외에는 지름이 400미터 이하이고 모양도 불규칙한 바윗덩어리 위성들이에요. 토성의 위성들은 대부분 얼음으로 이루어져 있어요.

타이탄

　토성의 위성 타이탄은 태양계 위성 중 목성의 위성 가니메데 다음으로 큰 위성입니다. 타이탄에는 대기가 있어요. 타이탄의 중력은 비록 지구 중력의 14퍼센트 정도로 약하지만 워낙 춥기 때문에 기체가 날아가지 못하거든요. 타이탄의 대기는 지구처럼 질소로 이루어져 있는데 지구 대기보다 훨씬 밀도가 높아요.

　과학자들은 타이탄의 일부가 바다로 덮여 있을 거라 추정하고 있어요. 하지만 그 바다는 물이 아니라 액체 에탄, 메탄, 질소로 이루어져 있대요. 과학자들이 타이탄에 주목하는 이유는 타이탄의 대기가 원시 지구의 대기와 유사하기 때문이에요. 과거 타이탄이 소행성과 충돌해서 순간적으로 뜨거워졌을 때, 물질들에 화학적 변화가 일어나 생명체가 탄생했을지도 모를 일이에요.

엔셀라두스

태양계 탐사 역사 중 가장 놀라운 사건 중 하나는 토성의 위성인 엔셀라두스에서 물을 발견한 것입니다. 2005년 11월 영하 200도의 혹한에서 최고 초당 375킬로그램의 물기둥이 솟구쳤던 것이죠. 그것도 가장 추운 남극에서 말이에요.

그리고 이 물에는 메탄, 프로판 등의 유기 물질도 포함되어 있는 것으로 알려졌어요. 이 물 안에 어쩌면 펄떡이는 잉어는 아니더라도 낯선 생명체가 살고 있을지도 모르는 일이죠. 지구의 심해 밑바닥에 빛이 전혀 안 드는 곳에서도 생물들이 사는 것을 미루어 볼 때, 엔셀라두스의 바다에서도 생명체가 살 가능성은 충분하답니다. 엔셀라두스는 2005년 발견된 이후, 우주생물학자들의 최우선 연구 대상이 되었지요.

나를 잘 연구하면 좋은 일이 있을 거야.

남극 표면의 얼음에 균열이 있고 그 사이에 생성된 지 얼마 되지 않은 얼음이 있는 것으로 봤을 때 행성 내부에서 열이 나오고 있는 것이 분명해!

11 태양계의 끝은 어디일까?

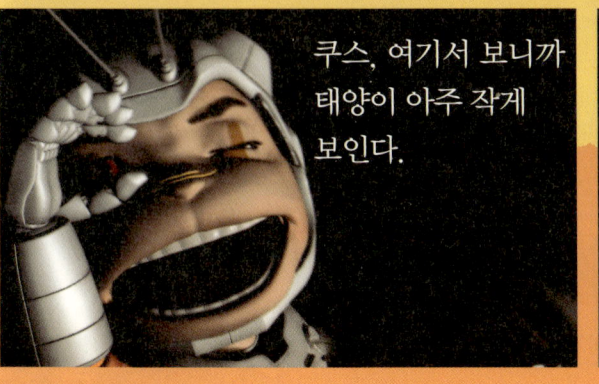

쿠스, 여기서 보니까 태양이 아주 작게 보인다.

그래. 우린 태양계 끝부분에 와 있어.

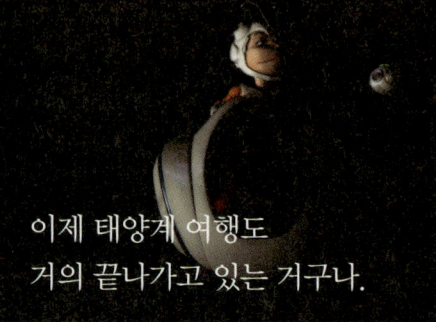

이제 태양계 여행도
거의 끝나가고 있는 거구나.

아직 생명체도 찾지 못했는데 말이야.

와, 천왕성이다!

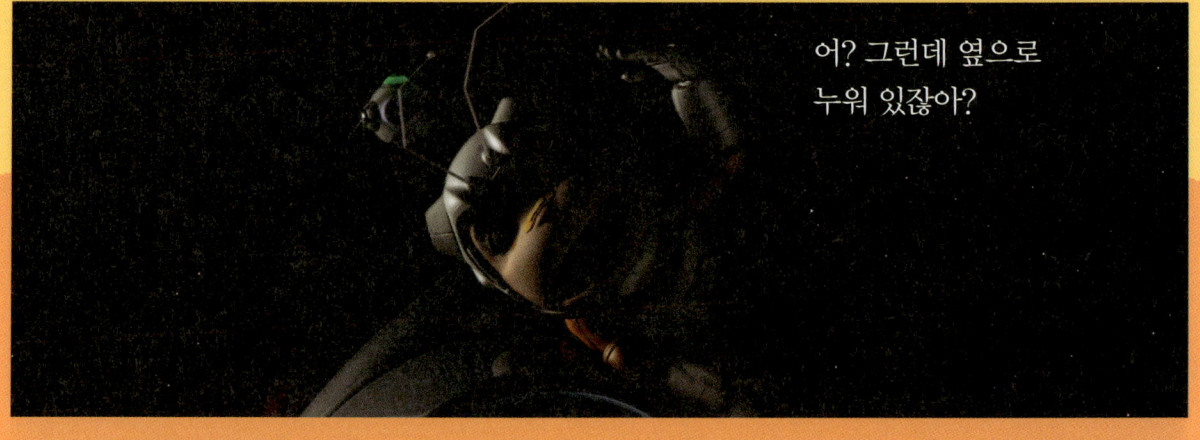

어? 그런데 옆으로
누워 있잖아?

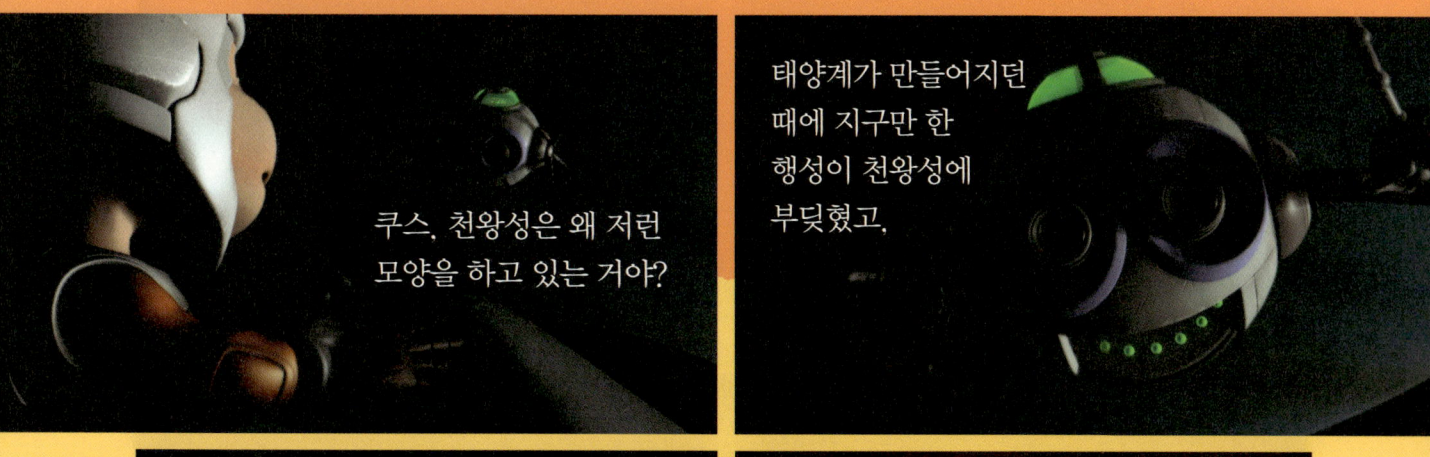

쿠스, 천왕성은 왜 저런 모양을 하고 있는 거야?

태양계가 만들어지던 때에 지구만 한 행성이 천왕성에 부딪혔고,

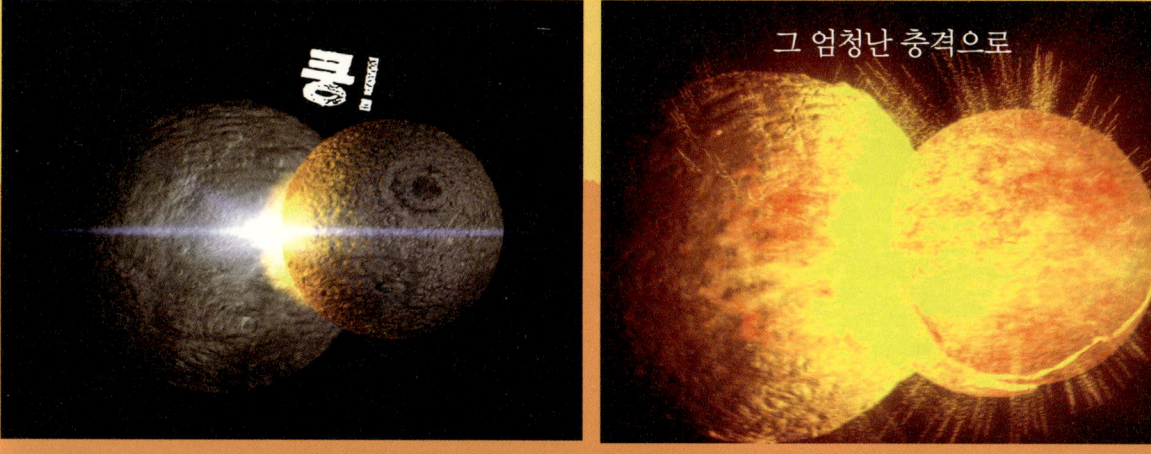

그 엄청난 충격으로

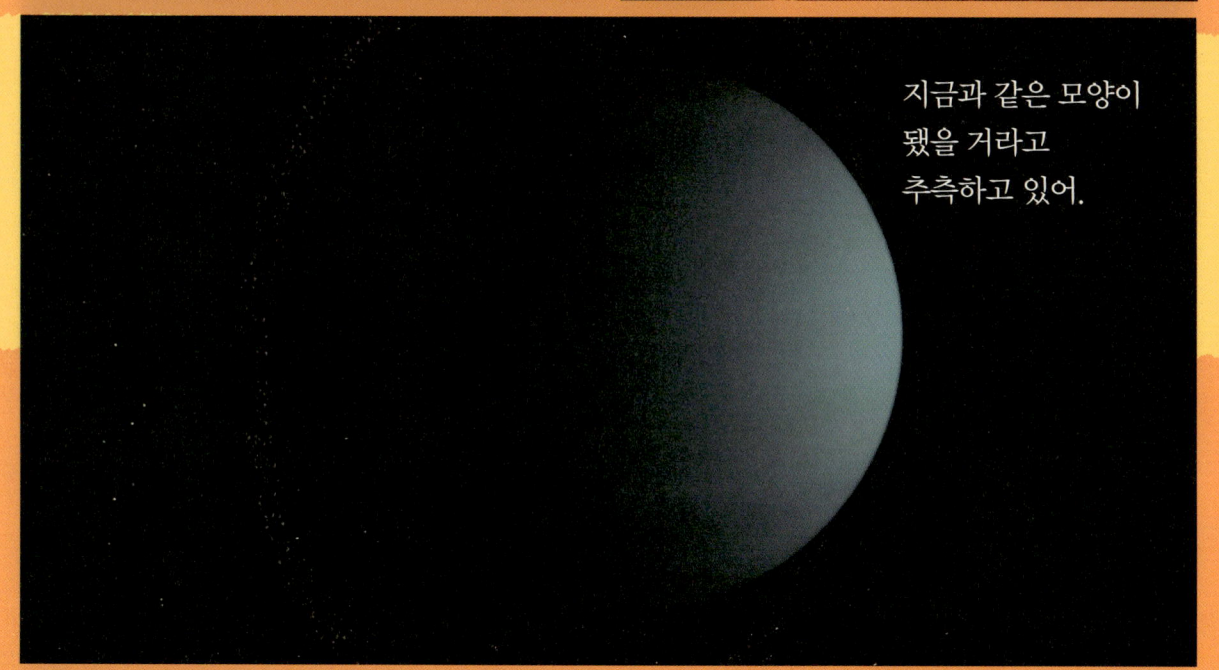

지금과 같은 모양이 됐을 거라고 추측하고 있어.

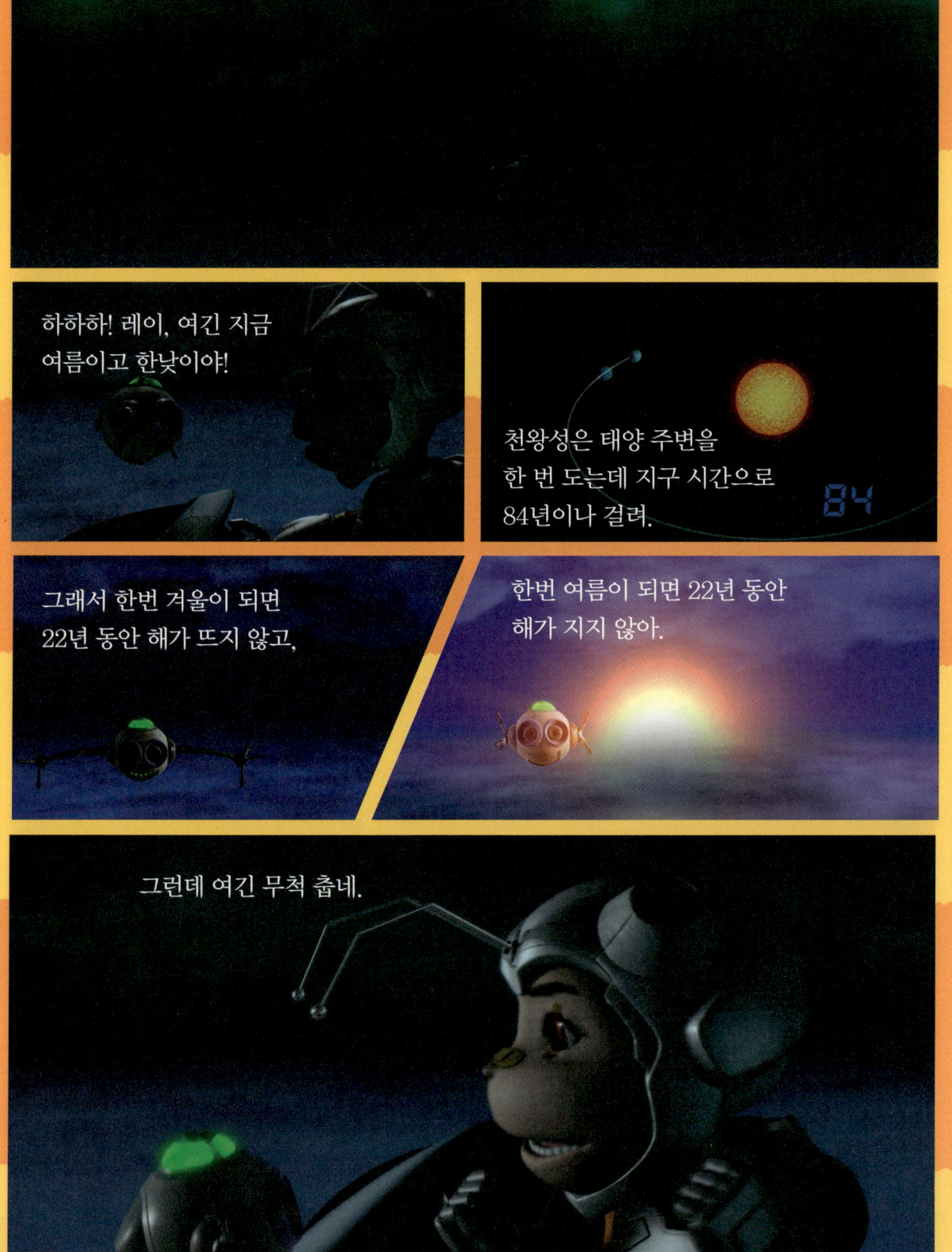

쿠스, 왜 이렇게 어둡지? 밤이 되려나 봐.

하하하! 레이, 여긴 지금
여름이고 한낮이야!

천왕성은 태양 주변을
한 번 도는데 지구 시간으로
84년이나 걸려.

84

그래서 한번 겨울이 되면
22년 동안 해가 뜨지 않고,

한번 여름이 되면 22년 동안
해가 지지 않아.

그런데 여긴 무척 춥네.

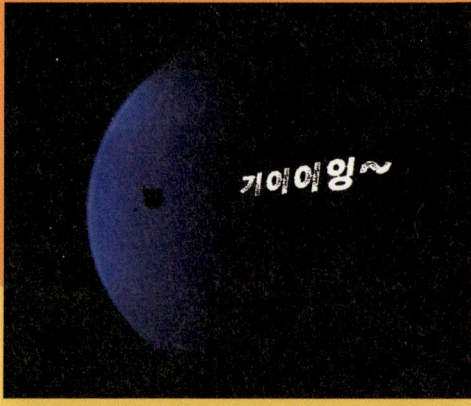

기이이잉~

여기가 해왕성이야.

음, 크기나 색깔이
천왕성과 비슷하다.

저기 봐. 하얀 구름이 생기고 있어.

저건 대기가 움직이기 때문에
생기는 거야.

해왕성은 행성 내부에서 열이 나고 있어.
그래서 대기 활동도 활발하고
따뜻한 편이야.

지구 대기에도 질소가
많은데… 그럼 트리톤에도
생명체가?

글쎄… 트리톤의 평균 온도는 영하 235도
정도기 때문에 그럴 가능성은 희박해.

쿠스, 여기가
마지막 행성이야?

응, 그래… 아니, 아니지…
그래. 맞아. 아니. 아니야.

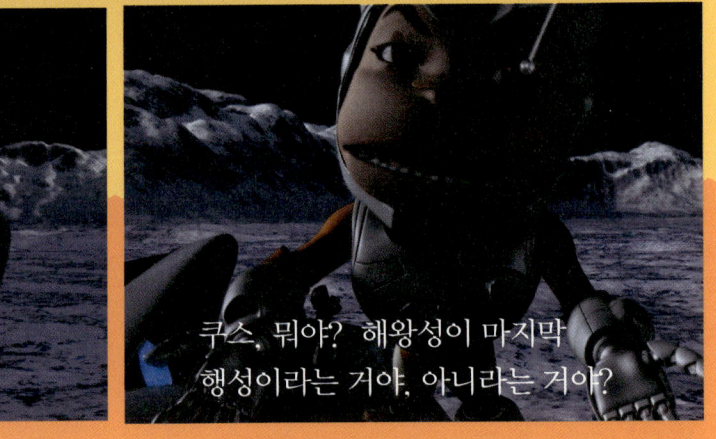

쿠스, 뭐야? 해왕성이 마지막
행성이라는 거야, 아니라는 거야?

그건 말이야… 잘 봐.

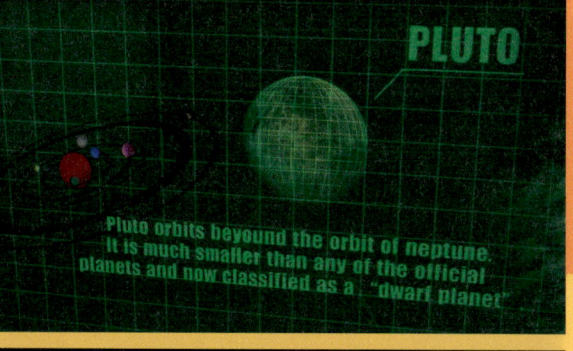

PLUTO

Pluto orbits beyound the orbit of neptune. It is much smaller than any of the official planets and now classified as a "dwarf planet"

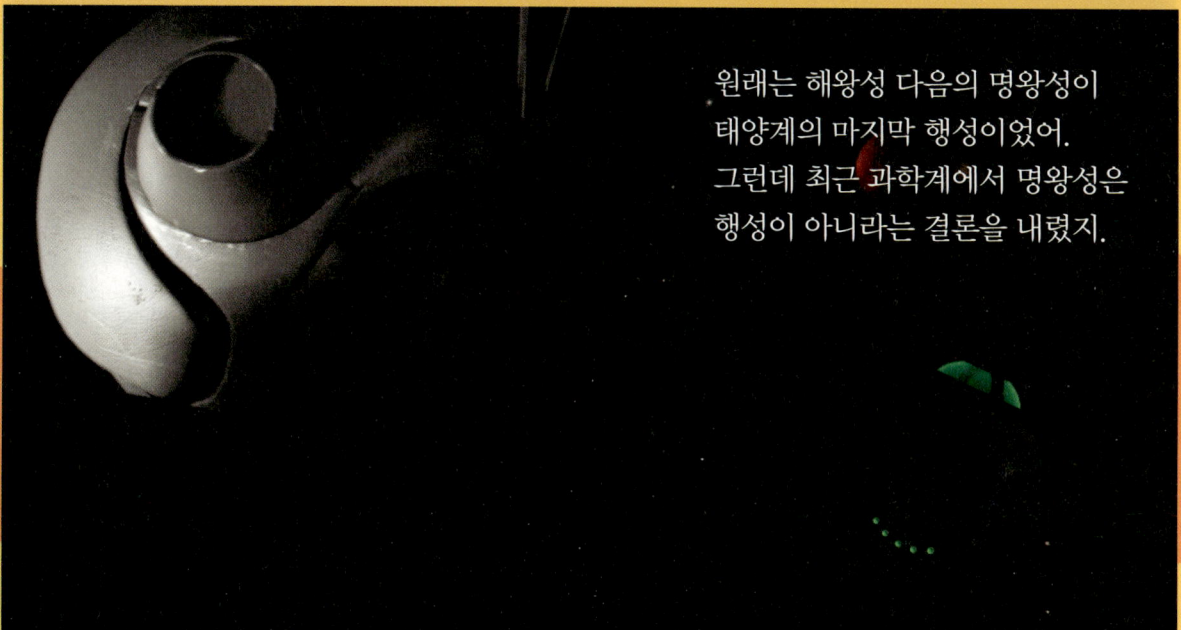

원래는 해왕성 다음의 명왕성이
태양계의 마지막 행성이었어.
그런데 최근 과학계에서 명왕성은
행성이 아니라는 결론을 내렸지.

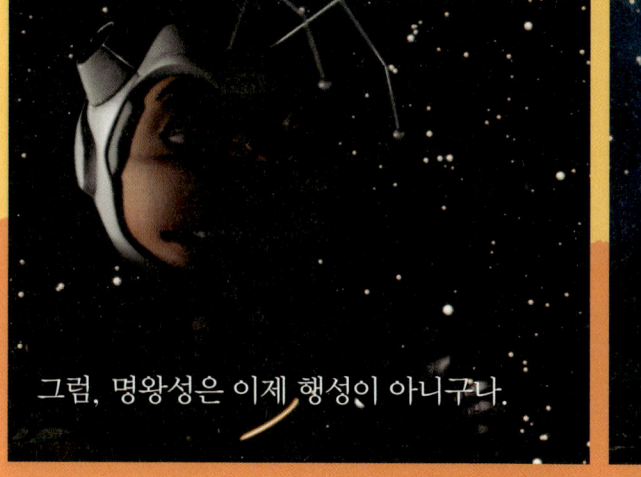

그럼, 명왕성은 이제 행성이 아니구나.

레이, 태양의 힘은 아주
멀리까지 미치고 있어.

작은 암석이나 얼음 덩어리들,
구름 띠 같은 것들이 태양계
가장자리를 돌고 있지.

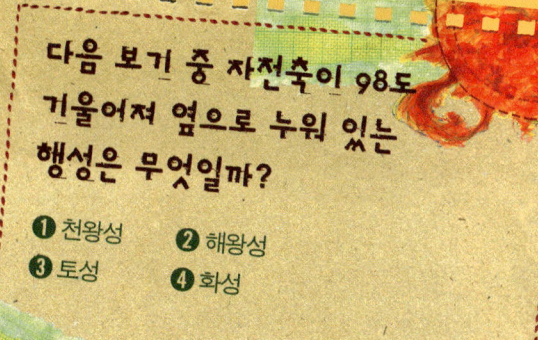

더 먼 우주 속으로 출발!

얏호~!

여기는 빙수의 세계, 천왕성

천왕성은 지구에서 아주 멀리 떨어져 있어요. 태양과 지구 사이 거리의 19배를 날아가야 천왕성을 만날 수 있답니다. 태양에서 점점 멀어지는 만큼 추위와 어둠의 지배를 받게 되지요. 이렇게 멀리 떨어져 있는 탓에 천왕성이 발견된 것은 불과 200여 년밖에 되지 않았어요. 그리고 1986년 보이저 2호가 천왕성을 탐사하면서 비로소 천왕성에 대해 조금이나마 알 수 있게 되었죠.

천왕성은 표면 온도가 무려 영하 208도에 이를 만큼 아주 추운 행성이에요. 겉으로 보기엔 파란색과 초록색이 섞인 예쁜 청록색으로 보이지만 표면에 발가락 끝이라도 닿는다면 메탄 얼음 덩어리 신세가 되고 말 거예요. 하지만 내부의 압력과 온도 때문에 완전한 얼음은 아니고 빙수와 같은 상태랍니다. 메탄과 암모니아의 빙수가 천왕성 내부의 3분의 2 정도를 차지하고 있죠. 천왕성에 닿는 태양의 빛과 열은 너무나 미약해서 있는 듯 없는 듯해요. 영하 200도가 넘는 추위 때문에 구름도 높이 떠 있지 못하고 지표면 가까이 응결해 있지요.

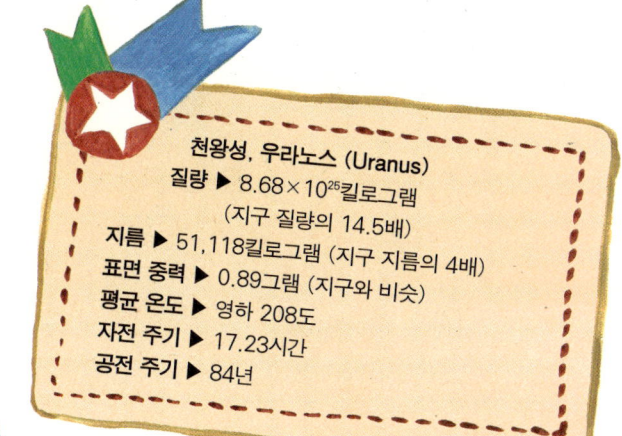

천왕성, 우라노스 (Uranus)
질량 ▶ 8.68×10²⁵킬로그램
(지구 질량의 14.5배)
지름 ▶ 51,118킬로그램 (지구 지름의 4배)
표면 중력 ▶ 0.89그램 (지구와 비슷)
평균 온도 ▶ 영하 208도
자전 주기 ▶ 17.23시간
공전 주기 ▶ 84년

천왕성이 누워 있는 까닭은?

천왕성의 신비한 점은 옆으로 누워 있다는 거예요. 지구는 황도에 대해 23.5도 정도 기울어져 있는데, 천왕성은 거의 98도 각도로 기울어져 있어요. 완전히 옆으로 누워 있는 거나 마찬가지죠. 그래서 천왕성의 남극이 태양을 향하게 되면 그 반대편 북극은 무려 21년 동안이나 밤이 지속돼요. 천왕성이 태양을 한 바퀴 도는 데엔 지구 시간으로 84년이 걸리기 때문이죠. 천왕성의 하루는 불과 17시간 정도인데요, 하루를 17시간으로 쳤을 때 천왕성의 1년은 무려 4만 2,000일 이상이랍니다. 천왕성에서 사계절을 보낸다면, 봄과 가을에는 태양이 17시간마다 뜨고 질 것이고 겨울에는 22년 동안 밤만 계속되고 여름에는 22년 동안 낮만 지속될 거예요.

과학자들은 천왕성이 이렇게 옆으로 누워 있는 까닭이 태양계 형성 시기에 다른 소행성들과 충돌했기 때문이라고 생각하고 있어요. 천왕성은 고리와 함께 누워 있기 때문에 다트 과녁처럼 보인답니다. 천왕성의 고리는 토성의 고리와는 달라요. 토성의 고리는 얼음 조각이었지만 천왕성의 고리는 시커먼 돌덩어리들이에요. 천왕성엔 아홉 개의 고리가 있는데요, 대부분 폭이 10킬로미터 정도로 좁은 편이지요.

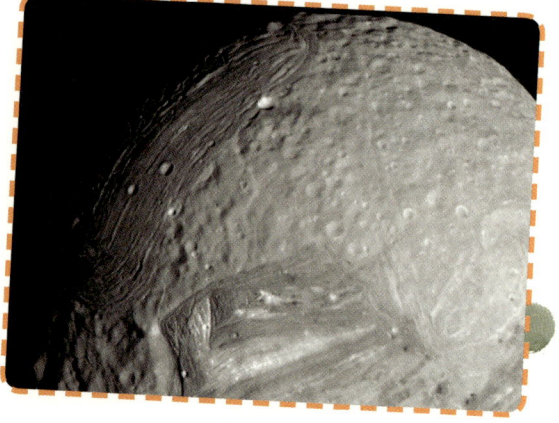

천왕성의 위성 미란다의 표면

천왕성은 약 27개 이상의 위성을 갖고 있어요. 천왕성의 큰 위성들을 꼽아보자면 가장 안쪽부터 바깥쪽으로 오베론, 타이타니아, 움브리엘, 아리엘, 미란다 순인데요, 이 위성들은 지름이 모두 480킬로미터에서 1,600킬로미터 사이로 지구의 달보다 작아요. 위성들 가운데 미란다의 표면은 정말 희한하게 생겼어요. 아이들이 장난을 치다 만 생크림 케이크 같은 모양을 하고 있지요. 과학자들은 엄청난 충돌로 산산이 부서졌다가 다시 뭉쳐져서 이런 모양이 되었을 거라고 추측하지만 확실한 이유는 아직 몰라요.

태양계의 마지막 행성, 해왕성

드디어 태양계의 마지막 행성, 해왕성에 도착했어요. 만약 우리가 해왕성에 간다면 평생 생일상 한 번 받기도 힘들 거예요. 해왕성은 태양 주위를 한 번 도는데 165년이나 걸리거든요. 그만큼 태양과 아주 멀리 떨어져 있답니다.

1989년 보이저 2호 탐사선이 당도하기 전까지 해왕성은 천왕성과 함께 베일에 싸인 행성이었어요. 보이저 2호 덕분에 알게 된 사실은, 천왕성이 해왕성과 크기도 비슷하고 색깔도 비슷하다는 거예요. 또 질척한 빙수 같은 바다가 행성 대부분을 차지한다는 점도 비슷하죠. 하지만 분명히 다른 것이 있어요.

해왕성, 넵튠 (Neptune)
질량 ▶ 1.02×10^{26}킬로그램
　　　 (지구의 17.1배)
지름 ▶ 49,532킬로미터 (지구의 3.9배)
표면 중력 ▶ 1.14그램 (지구와 비슷)
평균 온도 ▶ 218도
자전 주기 ▶ 16.12시간
공전 주기 ▶ 164.8년

해왕성은 천왕성보다 태양으로부터 1.5배나 더 멀리 떨어져 있어요. 당연히 해왕성이 더 춥겠죠. 그런데 천왕성의 구름은 차가운 기온 탓에 지표면에 달라붙어 움직이지 않고 있는 반면 해왕성의 대기는 격렬하게 움직이고 있어요. 대기가 움직인다는 것은 열이 더 많다는 의미인데 어떻게 된 거죠? 그 이유는 해왕성 내부에서 대기를 움직이게 할 만한 에너지가 나오고 있기 때문이래요. 과학자들은 해왕성 중심부에서 핵반응이 일어나고 있을 것으로 보고 있어요.

해왕성의 위성, 트리톤

　해왕성은 트리톤이라는 위성을 가지고 있어요. 트리톤의 표면은 질소, 메탄, 일산화탄소, 이산화탄소가 얼어붙어 있고 그 밑에는 물로 된 얼음이 있어요. 트리톤의 표면 온도는 태양계에서 측정된 것 중 가장 낮은 영하 235도예요. 그런데 놀랍게도 이렇게 차가운 얼음 덩어리 행성에서 화산이 활동하고 있다는 사실이 밝혀졌어요.

　트리톤의 화산에서는 용암 대신 액체 질소가 뿜어져 나오는데요, 너무나 추워서 액체 질소가 뿜어지는 순간 얼어붙고 말아요. 트리톤의 표면엔 소행성들과의 충돌 자국이 거의 없는데, 이것은 표면의 얼음이 얼었다 녹았다를 반복했기 때문이지요. 이것은 트리톤 내부가 활발하게 활동하고 있다는 증거랍니다.

왜소행성으로 전락한 명왕성

국제천문연맹은 2006년 8월 24일 400여 명의 천문학자들이 참가한 가운데 행성에 관한 새로운 정의를 채택하고 태양계에 있는 천체들을 세 가지로 분류했어요.

첫 번째는 행성이에요. 행성의 조건은 태양 주위를 공전해야 하고, 공 모양을 유지할 정도로 충분한 질량을 가져야 하며, 궤도 주변의 지배적인 천체로서 공전 궤도 주변의 물질을 쓸어 버려야 해요. 수성부터 해왕성까지 지금까지 우리가 살펴본 천체들은 모두 행성의 조건을 만족시키지요.

두 번째는 왜소행성이에요. 태양 중심을 공전하고, 공 모양을 유지할 정도의 질량은 되지만, 궤도 주변의 지배적인 천체로 공전 궤도 주변의 물질을 쓸어 버리지 못한 천체들을 말해요. 이 범주에 들어가는 것이 바로 명왕성, 세레스, 이리스예요. 세 번째로는 혜성과 소행성이 있어요. 크기도 작고 중력도 없지만 태양 주변을 공전하는 부스러기들이죠.

2006년 천문학자들의 채택에 의해 명왕성은 태양계의 주요 행성 지위를 박탈당했어요. 그건 **명왕성이 태양계 공전 궤도에서 주변의 물질을 쓸어 버리지 못했기 때문이에요.** 명왕성엔 카론이라는 위성이 있는데 카

뭐야? 차라리 처음부터 행성이라 부르지 말든지….

이제부터 명왕성은 행성이 아니라 왜소행성이다!

론은 명왕성 크기의 절반이나 돼서 위성이라기보다는 쌍둥이라고 할 정도예요. 지구와 달처럼 행성과 위성의 관계가 아니라, 고만고만한 두 개의 천체가 한 궤도 안에 있는 형국이니 명왕성이 궤도의 주변 물질을 쓸어 버렸다고 하기는 어렵죠.

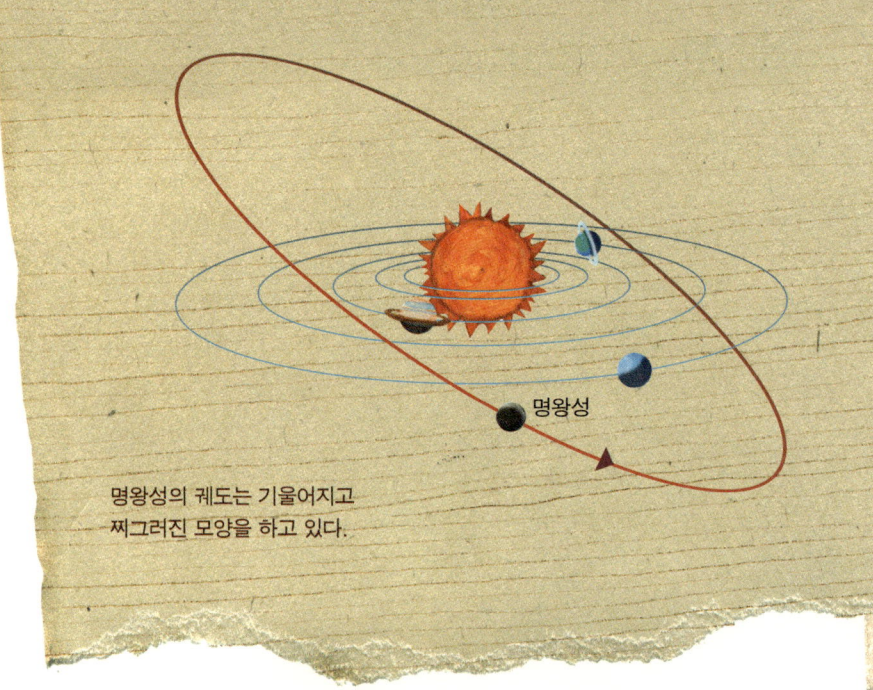

명왕성의 궤도는 기울어지고 찌그러진 모양을 하고 있다.

명왕성

명왕성이 주요 행성이라고 보기 어려운 이유는 ==이상하게 기울어져 있는 궤도의 기울기와 찌그러진 궤도 모양== 때문이기도 해요. 다른 행성들은 태양계라는 편평한 접시 위를 돌고 있어요. 그런데 유독 명왕성만 접시 위아래로 움직이고 있는 것이죠. 또 명왕성 궤도가 찌그러지고 길쭉한 타원형에 해왕성의 궤도를 가로지르는 부분도 있어 해왕성보다 태양과 가까워질 때도 있어요.

명왕성은 지구에서 아주 멀리 떨어져 있어서 시속 100킬로미터의 자동차를 타고 간다면 2,500만 년도 넘게 걸려요. 빛의 속도로 간다 해도 일곱 시간이나 걸리니 정말 멀죠. 크기도 지구의 18퍼센트에 지나지 않고, 태양 주위를 한 번 돌려면 248년이나 걸려요.

놀라운 점은 명왕성이 거대 가스 행성들과는 달리 지구형 행성들처럼 약 70퍼센트가 단단한 암석으로 이루어져 있다는 점이에요. 천문학자들은 명왕성, 카론 그리고 트리톤 모두 태양계가 시작할 때 행성이 되지 못하고 낙오한 얼음 덩어리라고 생각하고 있어요. 초기 태양계 형성기에 명왕성이 원시 행성과 충돌하는 바람에 궤도 모양도 찌그러지고 궤도의 기울기도 비스듬해졌어요. 또 충돌할 때 뜨거운 열이 발생하는 바람에 얼음은 모두 녹아 버려 암석만 남은 거죠. 이때 충돌한 부스러기가 뭉쳐 카론이 됐고요. 어쨌든 태양계 바깥쪽에 지구랑 달과 비슷한 천체가 있다는 건 놀라운 일이에요.

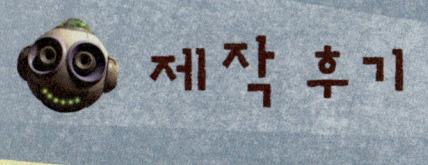

제작 후기

2005년 초등과학 콘텐츠로 처음 기획된 〈레이의 우주 대모험〉은 OSMU(One Source Multi Use)로 활용 가능하도록 제작되었습니다. 배경과 캐릭터를 따로 분리 제작하였고 배경은 영국의 BBC나 일본 NHK의 성인 우주 다큐멘터리의 영상과 비교해도 손색이 없을 정도라는 평가를 받았습니다.

〈레이의 우주 대모험〉 스무 편에 쓰인 컴퓨터그래픽을 바탕으로 두 편의 다큐멘터리 〈THE SUN〉과 〈외계 생명체를 찾아서〉가 만들어졌으며 배경 컴퓨터그래픽은 현재 EBS 프로그램에서 다양하게 쓰이고 있습니다.

〈레이의 우주 대모험〉은 이전까지 이렇다 할 어린이용 3D 우주 애니메이션이 없던 현실에서 한국천문연구원의 자문과 자료를 바탕으로 기획 기간까지 포함하여 3년여에 걸쳐 제작되었습니다. 일본 애

니메이션이 안방극장을 점령하고 있는 때에 기존
의 EBS에서 제작되어 호평을 받았던 〈뽀롱뽀롱 뽀로로〉와
〈빼꼼〉의 뒤를 이어 과감하게 국산 애니메이션에 투자하여
어린이 과학 애니메이션 프로그램의 가능성을 제시했다는
점에서 큰 의미를 찾을 수 있습니다. 또한 현재 미국, 독일,
핀란드, 홍콩 등지에서 방송되어 많은 사랑을 받고 있습니다.
　방송의 제한된 시간 때문에 담지 못했던 우주에 관한 많은
이야기들을 책을 통해 만날 수 있게 되어 기쁘게 생각하며 2년여를 함께 작업하
며 고생하신 이명현 박사님과 (주)드림한스 한윤영님, 이용래님, 제작에 참여한
모든 스태프들에게 감사드립니다.

**레이가 더 많은 친구들과 만날 수 있기를 바라며
문현식**

문현식 프로듀서는 1997년 EBS에 입사하여 〈생방송 톡!톡! 보니하니〉,
〈장학퀴즈〉, 〈잉글리시 카페〉, 〈THE SUN〉, 〈외계 생명체를 찾아서〉, 〈피
타고라스 정리의 비밀〉 등의 프로그램을 연출했습니다. 2002년 〈잉글리
시 카페〉로 '이달의 PD상'을 수상했고, 2008년 〈피타고라스 정리의 비
밀〉이 '이달의 좋은 프로그램'(방송통신위원회)으로 선정되었습니다.

● 부록 ●

천문대로 떠나요

보현산 천문대

경북 영천시 보현산의 동봉에 위치한 보현산 천문대는 1996년 4월에 완공되었어요. 광학망원경동, 태양망원경동, 코팅공작동, 연구관리동, 방문객 센터로 이루어져 있으며, 국내 최대 구경의 1.8미터 반사망원경과 태양플레어 망원경이 설치되어 있어요. 국내 광학천문관측의 중심지로 항성, 성단, 성운과 은하 등의 생성과 진화를 연구하고 있답니다. 일반 방문객들을 위하여 4월, 5월, 6월, 9월, 10월의 매월 넷째 토요일에 주간공개행사를 실시하고 있는데, 5일 전에 반드시 예약해야 합니다. 방문객 센터는 월요일을 제외하고 오전 10시부터 오후 5시까지(겨울에는 오후 4시까지) 개관해요.

www.boao.kasi.re.kr

소백산 천문대

1974년 국립천문대로 설립되어 1986년 소백산 천문대로 이름이 바뀌었어요. 충청북도 단양군에 위치하고 있는데, 천문대에 가려면 죽령에서 2시간 가량 산행을 해야 합니다. 24인치 반사망원경, 150밀리 굴절망원경, 자동측광시스템 등이 갖추어져 있어요. 주간견학과 야간체류 프로그램을 진행하고 있는데, 야간체류 프로그램은 천문관련 단체에 제한하여 허용하고 있습니다.

www.soao.kasi.re.kr

대전시민 천문대

일반 관람객을 대상으로 공개관측을 실시하는 국내 최초의 시민천문대예요.
10인치 굴절망원경은 홍염 필터를 이용하여 태양 홍염의 모습을 선명하게
관찰할 수 있으며, 주로 맑은 날 주간에는 태양 관측을, 야간에는 행성과
달, 성운, 성단, 은하 등의 천체를 관측할 수 있습니다. 입장료는 무료이고,
수시로 열리는 미술전과 토요 음악회도 관람할 수 있어요.

http://star.metro.daejeon.kr

별마로 천문대

강원도 영월 봉래산 해발
800미터 정상에 위치한 별
마로 천문대는 지방자치단
체가 세운 시민천문대입니다. 영월 지역의 쾌청일수가 192일이나
되기 때문에 별을 관측하기 알맞은 천문대라고 해요. 천체투영실,
주관측실, 보조관측실, 천문과학교육관, 전시실, 전망대 등으로 구
성되어 있고, 천문대와 교육관을 따로 이용할 수 있어요.

http://www.yao.or.kr

세종 천문대

경기도 여주청소년수련원 내에 있는 사설천문대예요. 컴퓨터를 통해 관측
대상을 직접 찾아내는 첨단 관측장비인 26인치 카세그레인식 천체망원경을
포함하여 여러 종류의 망원경을 갖추고 있고, 일반인을 위한 실질적인 천문
교육을 실시하고 있어요. 인공적으로 밤하늘의 별자리를 재현한 천체투영
관, 천체의 회전과 무중력 상태를 체험할 수 있는 우주체험관 등 흥미로운
볼거리를 제공하고 있답니다.

http://www.sejongobs.co.kr

안성 천문대

1996년에 개관한 사설천문대인 안성 천문대는 경기도 안성에 위치해 있어요. 아마추어 천문가들과 별에 관심 있는 일반인들에게 별자리 관찰, 태양흑점 관찰, 멀티미디어 교육 등 다양한 프로그램을 제공하고 있습니다.
http://www.nicestar.co.kr

중미산 천문대

유아와 어린이를 위한 천문 우주과학 체험학습을 위해 1999년 개관한 천문대입니다. 경기도 양평 중미산 휴양림 안에 있으며, 가족 프로그램, 단체 프로그램, 기업체 프로그램을 운영하고 있어요. 천체관측 실습을 위한 시설과 장비가 매우 잘 갖춰져 있지요.
http://www.astrocafe.co.kr

우리별 천문대

강원도 횡성에 있는 펜션형 사설천문대로, 가족과 함께 방문하기 좋은 곳이에요. 천문관련 영상교육, 별자리 및 태양계 관측, 야외 육안관측 등의 프로그램을 제공하고 있고, 주변의 민물고기연구소, 생태체험관, 허브리조트 등을 둘러볼 수도 있어요.
http://www.ourstar.net